초등
자율의 힘

아이들이 스스로 움직이는 교실의 비밀

초등 자율의 힘

윤지영 지음

i-Scream

꿈꾸는데도
눈치를 보는 아이들

"버킷리스트를 써 봅시다. 앞으로 하고 싶은 일, 이루고 싶은 소망과 꿈을 솔직하게 쓰면 돼요."

여러 예시를 들어줬음에도 아이들은 한 글자도 쓰지 못한 채 머뭇거린다. 이유를 물으니, 이런 걸 하고 싶다고 하면 "쟤 웃긴다, 자기가 뭔데? 뭐라도 돼?"라고 할까봐 신경이 쓰인다고 한다. CEO가 꿈이라고 하면, "반장도 아니면서, 네가 무슨?"이라고 할 것 같고, 의사가 꿈이라고 하면, "넌 공부 잘 못하잖아!"라고 할 것 같단다.

꿈꾸는 데도 눈치를 보는 아이들이 많다. 보이는 모습에 신경을 쓰느라 미래를 향한 소망을 품는 것에도 자유롭지 못함은 참 슬프다.

지금 나는 『초등 자율의 힘』이라는 책을 쓰고 있지만, 나 역시 처음부터 자율적인 교사였던 것은 아니다. 초임교사 시절부터 오랫동안 나는 남의 시선 가운데 갇혀 있었다. 나의 욕구보다 갈등 없는 관계를 만드는 것이 먼저였고 내가 진정으로 원하는 것에는 무관심한 채, 관행에 따르기 바빴다. 학생들에게도 마찬가지였다. 생각을 묻기보다는 순응을 가르쳤다. 집단의 기대에 부응하기 위해 학생들을 통제하기도 했다. 그 결과 학생들은 사소한 일에도 허락을 받았다. 늘 내가 시키는 대로 행동했고, 나중에는 시키는 것만 했다. 꿈꾸는 데도 자유롭지 못한 아이들의 모습은 내 모습이기도 하고, 분명 나의 영향도 있다.

자율교실을 만들기 위해 먼저 만나야 할 사람은 바로, 교사 자신이다. 자신을 있는 모습 그대로 받아들일 때 학생들에게 자율성을 펼치도록 격려해 줄 수 있다.

아이들에게 자신의 소중함과 자기다움을 일깨워 주기 위해서는 내가 먼저 타인의 시선과 인정으로부터 자유로워져야 했다. 모범생으로 살아온 나는 타인의 요구에 따르는 데 익숙했다. 기준을 남에게 두는 삶의 관성에서 나를 믿고 내가 원하는 바를 추구하는 방식으로 나아가기란 쉽지 않았다. 하지만 그 열매는 놀라웠다.

개성을 인정하고 자율성을 보장해 주었을 때 아이들은 제멋대로 하지 않았다. 기회를 주고 방향을 안내해주니 학생들은 스스로 문제를 해결해 나갔다. 시키는 것만 하는 것에서 스스로 움직이는 아이들로 변화했다.

학생들은 보이는 모습과 자신이 보는 모습 사이의 균형을 스스로 잡아가며, 남이 나에게 원하는 바와 내 소망이 다를 수 있음을 구분해 간다. 다른 사람과 잘 지내기 위해 노력하지만, 잘 보이기 위해 애쓰지 않아도 됨을 깨달아가는 것이다.

아이들은 교정하고 가르쳐야 하는 미완성의 존재가 아니다. 믿어주고 이끌어주면 스스로 답을 찾아갈 수 있는 자율적인 존재다. 자율성은 타고난 성향이 아닌 반복적 경험을 통해 체득하는 습관에 가깝다. 자율이라는 씨앗은 누구에게나 있지만, 적당한 물과 양분을 주는 환경에서 발아하고 뿌리를 내린다. 잘하지 않아도 격려해주는 안전한 환경에서 자율성은 싹트고, 시도할 기회와 실패를 만회할 기회를 주는 상황 가운데 비로소 습관으로 자리 잡는다.

자율을 키우는 교사의 역할은 대단한 것이 아니다. 거창한 방법을 연구해야 하는 것도 치열한 노력을 기울여야 하는 것도 아니다. 학생들의 목소리에 귀를 기울이고, 기회를 주고, 기다려주고 한걸음 뒤에서 믿어주는 것이면 된다. 일상 속 대화와 루틴, 기회만으로도 아이들의 자율성은 자란다.

교사로서 뭐든 잘 하려고 하고 혼자 다 하려고 애쓰지 하지 않아도 괜찮다. 완벽하려고 하면 자유로울 수 없다. 교실 속 누구도 완성된

존재는 없다. 교사도 학생도 같은 성장의 과정에 있다.

 이 책은 학생 내면의 자율성이 자라는 과정과 함께 교사인 나의 성장기도 담고 있다. 교사의 부족함 역시 성장의 일부임을 말하고 싶었다. 초등학령기 아이들의 자율을 키우는 작지만, 선생님들께 꼭 필요한 노하우를 전하고 싶어서 책을 썼다.

 본문은 크게 4개의 파트와 별책으로 구성되어 있다. 1부에서는 자율이란 무엇인지 자율교실의 접근방식을 설명한다. 그리고 2부에서 4부까지는 자율을 교실 속 습관으로 만드는 방법에 대해 안내한다. 자율을 습관화하는 매뉴얼을 마음 알기, 루틴 세우기, 기회디자인의 3가지로 유목화 했다. 마지막으로 자율교실의 공부 습관은 별책으로 따로 엮었다. 교과서 공부법부터 노트정리 방법까지 스스로 공부하는 습관을 안내하는 지침이 되기를 바란다.

 어쩌면 자율은 감추어진 자기 자신과의 만남이다. 나답게 사는 것 진짜 나다워지는 것이 자율이다. 내가 누구인지 알고 스스로와 화목하게 지내는 연습이며 과정이다. 나와 화목해야 다른 사람과도 사이 좋게 지낼 수 있다. 먼저 나를 좋아해야 남도 사랑할 수 있다.

 교실은 아이들이 더불어 살아가는 법과 함께 나로 살아갈 방법을 배우는 곳이다. 집단의 결속만큼 개인의 취향과 감정을 소중히 여길 때 아이들의 자율성이 자란다. 집단의 안정성을 지키면서도 개개인의 자율성을 발전시켜 나가는 것은 충분히 가능하다.

　이 책을 접한 모든 분들이 있는 그대로의 내 모습을 받아들이고 인정하는 과정을 경험했으면 좋겠다. 교실 속에서 자기다움을 깨달아갈 수 있기를, 자신을 그리고 서로를 더 좋아할 수 있기를, 그 과정에서 함께 성장해 나가기를 진심으로 바란다.

목차

Part 1. 자율교실의 철학
교실을 바꾸는 1%의 차이, 자율

Part 2. 자율교실의 대화

원하는 바를 알아야 스스로 한다.

Part 3. 자율교실의 체계

예측할 수 있어야 스스로 한다.

Part 4. 자율교실의 수업

기회를 줘야 스스로 한다.

Part. 1
자율교실의 철학

울타리가 명확할 때, 아이들은 남을 의식하지 않고 자율성을 발휘할 수 있습니다.
과도하게 남을 의식하다보면 내가 아닌 남을 통해 나를 보는 것이 익숙해집니다.
평판에 민감한 것, 주변 사람의 시선에 신경을 쓰는 것은 피로한 일이기도 합니다.
자율을 발휘할 에너지가 줄어들어요. 자율은 남에게 보여주는 것이 아니라, 스스로
경험하는 것이며, 삶의 주인으로 우뚝 서는 과정입니다. 명확한 울타리를 세워주세요.

교실을 바꾸는 1%의 차이,
자율

자율의 진짜 의미

"사인펜으로 해도 돼요?"

"창문 닫아도 돼요?"

"칠판 지워도 돼요?"

"우유 갖고 와도 돼요?"

초등학교 교사라면 누구나 들어보았을 질문이다. 왜 이렇게 사소한 일에도 허락과 동의를 구할까? 1학년도 아니고 6학년이, 몸집은 다 컸음에도 왜 이렇게 수동적인 자세에 머물러 있을까? 나는 궁금했다. 그러다 내가 아이들에게 하는 말을 돌아보기 시작했다.

"그만 떠들어!" (금지)

"선생님 봐야지!" (지시)

"다 했니?" (확인)

"얼른 해." (명령)

끝없이 이어지는 지시, 확인, 금지, 명령…. 허락과 동의를 구하는 이유가 나 때문인 것은 아닐까? 통제가 많으니, 미리 허락을 받는 것이 아이들 입장에서 최선일지 모른다.

아이들의 자율성을 키우기 위해서는 나부터 달라져야 했다. 사인 펜으로 해도 되냐고 묻는 아이에게, "되지!"라는 짧은 답 대신, "사인 펜으로 하고 싶어?"라고 마음을 물었다. 이것이 변화의 시작이었다. 아이는 수줍게 웃으며 "네"하고 답했다. 짧게 마음을 물었을 뿐인데, 아이의 반응은 전혀 달랐다. 안 된다고 말하기 전에 먼저 마음을 알아주고, 대화를 시도한 것에서 자율이 싹트기 시작했다.

울타리 안에서의 자유

자율이란 무엇일까? 사전적 의미의 자율은 남의 지배나 구속을 받지 않고 자기 스스로의 원칙에 따라 행동하는 것을 말한다. 그런데 학생들은 자신만의 원칙을 세우고 그것에 따라 행동을 결정할 능력이 없다. 또한 학교는 구성원이 각자의 원칙대로 행동하는 곳이 아닌 기준과 규율에 따라야 하는 공간이다. 여러 사람이 좁은 공간 가운데 안전하게 지내기 위해, 학교는 엄격한 통제와 시스템을 가지고 운영될 수밖에 없다.

초등 아이에게 키워줄 수 있는 자율은 통제 안에서의 자유, 한계 안에서의 자유다. 마음대로 하는 것도, 알아서 하라고 하는 것도 자율이 될 수 없다. 교사가 마음대로 하라고 한다면 학생들은 어떻게 해야 할지 갈피를 잡지 못한다. 성숙한 결정을 할 능력이 없는 학생에게 뭐든 알아서 하라는 것은 자율이 아닌 방임이다.

뭐든 마음대로 하는 '자유'가 아니라, 울타리 안에서 마음대로 하는 '자율'을 주어야 한다. 교실에서 하지 말아야 하는 것과, 마음대로 해도 되는 것 사이의 경계가 분명할 때, 아이들은 안정감을 느낀다. 한계를 넘지 않으려고 하며, 한계에 대한 통제와 제재를 납득한다.

'자유교실'과 '자율교실'을 가르는 차이는 울타리에 있다. 그렇다면 자율교실의 울타리는 어떻게 세울 수 있을까?

첫째, 대화를 통해 정한다.
둘째, 명확해야 한다.
셋째, 대안을 제시한다.

대화를 통해 정한다.

만약 교실에서 해야 할 일과, 하지 말아야 할 일들을 교사가 단독으로 정한다면 어떨까? 아이들은 교사의 지시와 통제에 따를 수밖에 없다.

학생의 자율성을 키우기 위해서는 대화로 한계를 정해야 한다. "이건 안 돼!"라는 금지와 "이렇게 해!"라는 지시 대신, 하지 말아야 하는 이유를 알려주고 대화로 이해시키고 조율하는 것이다. 대화를 통해 아이들은 울타리가 자신을 위한 보호막이며, 경계를 넘지 않는 것이 자신을 지키는 것임을 이해할 수 있다.

안 되는 이유를 납득하면 아이들은 스스로 안 한다. 무조건 안 된다고 하기보다, 하고 싶은 마음을 알아주고 대안을 찾아 설득하는 대화를 통해 아이들의 자율성은 쑥쑥 자란다.

명확해야 한다.

자율의 한계는 명확해야 한다. 해도 되는 것과 하면 안 되는 영역 사이의 경계가 불분명하면, 학생들은 혼란을 느끼고 교사의 눈치를 본다. 한계가 분명할 때 학생들은 교사에게 되묻지 않으며 안심하고 자율성을 발휘할 수 있다.

'착하다'는 말을 사례로 대화로 자율의 울타리를 명확히 정하는 방법에 대해 좀 더 알아보자.

착하다의 모호함

착하다는 말은 참 불분명하다. 심성이 곱다는 의미일 때도 있고, 성격이 원만한 사람을 지칭하기도 한다. 상대의 기분을 잘 맞춰주고 부탁을 잘 들어주는 걸 착하다고 말하기도 하고, 거절이나 싫은 소리를 못하는 사람을 착하다고 여기기도 한다.

이렇듯 '착하다'는 말은 모호한데, 자아정체성보다는 자아이미지에 가까운 것만은 분명해 보인다. 내가 나를 착하다고 여기는 정체성이 아닌, 남들이 나에게 착하다고 하는 이미지에 가깝다.

착하다는 의미가 포괄적이고 모호한데다, 겉으로 보이는 이미지에 가깝다보니 착한 아이가 되려는 노력은 한이 없다. 공부를 잘하지 못해도, 특출난 재능이 없어도, 착하다면 좋은 이미지를 얻을 수 있고 착한 것으로 인정받기가 쉽다. 더구나 남을 의식하는 문화가 강한 우리나라에서 착하다는 인정을 얻으려는 노력은 더욱 두드러진다. '착하다'라는 말의 명확한 울타리를 세워주어야 하는 이유가 여기에 있다.

① 속내를 안 보이는 것은 착한 것과 다르다.

누구에게든 친절하고 남을 잘 돕는 아이라면 분명 착한 아이다. 그런데 좋은 게 좋은 거라고 그냥 넘어가는 것, 뭐든 맞춰 주는 것, 남에게 싫은 소리 못하는 것, 거절 못하는 것은 모두 착한 것과는 다르다.

자신의 의견을 밝히기를 주저하고 속내를 감추는 것을 착하다고 할 수는 없다. 남 앞에 나를 드러낼 용기가 없음이 착함이 된다면, 학생들에게 착하게 살라고 가르쳐서도 안 된다. 싫은 감정도 전할 줄 알아야 하고 거절도 할 줄 알아야 한다.

② 자기표현이 분명하다고 해서 안착한 게 아니다.

좋고 싫음의 의사 표현을 분명히 하는 사람에게는 착하지 않다 혹은 자기만 안다는 평가가 뒤따르곤 한다. 만약 상대방이 싫다고 하는데도 자기 좋을 대로만 하거나, 자신의 유익을 위해 남에게 피해를 준다면 이기적이라고 할 수 있다. 그러나 생각을 드러내고 남들과 다른 의견을 주저 없이 말할 수 있다면, 표현력이 좋은 것이다. 표현이 분명한 학생에게 안 착하다는 굴레를 씌운다면, 아이는 미움받지 않기 위해 자신을 감추려 할 것이다. 남의 시선이라는 그늘에 숨지 않도록 착하다는 말의 울타리를 명확히 해 주어야 한다.

착하다의 울타리

학생들의 자율성을 키우기 위해서는 본인의 자아를 깨닫게 가르쳐야 한다. 거절을 못하고 부탁만 들어주다 호구가 될 바에야 싫을 때는 싫다고 말해도 됨을 알려주자. 가르쳐야 할 첫 번째는 남에게 미움받지 않는 방법이 아니라, 자기를 사랑하는 방법이다. 자율은 남에게 보여주는 게 아니라 스스로 경험하는 것이다.

대안을 제시한다.

통제가 많아질수록 자율성을 발휘할 영역은 그만큼 줄어든다. 무조건 안 된다고 하기보다는 대안을 제시해 보자. 이건 안 되지만, 저건 된다는 걸 찾아 대안을 준다면 자율의 범위를 넓혀줄 수 있다.

대안을 반드시 찾아야만 하는 것은 아니다. 대안이 있을 수도 있지만, 없는 경우도 있다. 하지만 대안을 찾지 못한다 하더라도 찾으려는 시도와 노력은 충분히 의미가 있다. 찾으려는 노력만으로 아이들은 존중을 느낀다.

몇 해 전 6학년 담임을 했을 때의 일이다. 수학여행은 5월로 예정되어 있었지만 아이들은 3월부터 누구랑 버스에서 같이 앉고, 누구랑 같은 방을 쓰는지에 관심이 많았다.

"선생님, 수학여행 갈 때요, 버스에서 원하는 사람끼리 앉으면 안 돼요?"

나는 원하는 사람끼리 앉고 싶은 마음은 이해하지만, 그럴 수는 없다고 했다. 당시 우리 반은 여자, 남자 모두 홀수였고, 그래서 원하는 사람끼리 앉을 경우 누군가가 혼자 앉아야 했기 때문이다. 아이들은 의견에 수용하는 듯 했다. 그런데 며칠이 지나 한 아이가 나에게 대안을 들고 왔다.

"선생님, 하늘이가 수학여행 안 간다고 했잖아요. 그럼 남자는 짝수고요. 여자는 3총사가 제일 뒤에 앉고 싶다고 했어요. 그럼 짝이 맞는 거니까, 원하는 사람끼리 앉아도 되죠?"

수요 조사에서 한 남학생이 수학여행을 안 가겠다고 한 걸 이 녀석이 어찌 알았는지 대안을 내미는데 나는 당황스러웠다.

"네 나름대로 고민을 했구나. 너의 의견은 알겠어. 그런데 너도 고민을 한 것처럼 선생님도 고민을 해볼게. 수학여행은 5월인데 지금 3월이잖아. 선생님이 다음 주까지 답을 줄게."

우선 나는 조금의 시간을 벌었다. 버스의 가장 뒷자리는 위험해서 비워두어야 하니 안 된다고 말을 할지, 그냥 마음대로 앉으라고 허락을 해야 할지 여러 가지 생각이 들었다. 그러다 직원여행 가던 버스 안에서 혼자 앉아갔던 기억이 났다.

직원여행 가는 버스에서 혼자 앉은 적이 두 번 있었다. 한 번은 나와 친한 동료 선생님이 갑자기 조퇴를 하는 바람에 혼자 앉게 되었고, 다른 한 번은 셋이 친분이 있었는데 자리도 애매했을 뿐더러 짐을 옆에 두고 편하게 가고 싶은 마음에 내가 먼저 혼자 앉겠다고 했다.

갑작스레 동료 선생님 없이 나 혼자 앉았을 때는 정말 재미가 없었다. 꿔다 놓은 보릿자루처럼 느껴져 서글프기도 했다. 그런데 내가 혼자 앉겠다고 선택했을 때는 외롭지도 않았고 여행도 즐거웠다. 소외감은 혼자라는 데서 나오는 게 아니라, 친구가 없어 혼자일 때 생기는 것이었다.

수학여행 가는 버스는 45인승. 우리 반은 30명이다. 1/3의 자리가 비어간다. 만약 혼자 앉는 걸 선택할 수 있다면 어떨까? 친구가 없어서 혼자 앉는다면 외롭겠지만, 넓게 앉고 싶어서 혼자 앉는 걸 선택한다면 소외감을 느끼지 않을 것이다. 이 사실을 발견하고 나는 아이들에게 제안했다.

"원하는 대로 앉는 건 어렵지만, 번호순 혹은 모둠순 중에 선택하는 건 가능해. 어느 쪽이 좋은지 투표로 정하자."

근소한 차이로 번호순으로 앉는 것으로 결정됐다.

"번호 순서로 앉는 것으로 하고, 한 가지 더 선택권을 줄게. 혼자 앉고 싶은 사람 있으면 얘기 해. 버스가 45인승이라 비어가는 자리가 많아. 꼭 다닥다닥 붙어 앉지 않아도 돼. 선생님은 키가 커서 그런지 옆에 짐 놓고 여유롭게 가는 게 좋아. 너희도 그런 사람이 있다면, 얘기 해."

나보다 키가 큰 남학생 두 명을 염두에 두고 한 말이다. 덩치가 장정이라 버스에 나란히 앉아 가기 좁을 것 같았다. 그런데 그 두 남학생만이 아니라 8-9명의 학생들이 혼자 앉고 싶다고 했다. 그 중에는 덩치가 작은 여학생도 여럿 있었다. 이유를 물으니 멀미를 하는데, 창가 쪽에 앉아 가면 덜 하다고 했다. 또 혼자 음악 듣고 가면 멀미를 안 하는데 옆에 친구랑 있으면 아무래도 얘길 해야 하니 혼자 앉는 게 편하다는 아이도 있었다.

수학여행 버스는 그렇게 꽉 차서 갔다. 어떤 자리는 둘이, 어떤 자리는 혼자 채웠다. 수학여행 버스에서 누구랑 앉을지 그토록 고민했으면서, 아이들은 그 누구도 혼자 앉고 싶다는 말을 하지 않았다. 혼자 앉는 것이 친구가 없는 아이로 보일 수 있기 때문이다. 그런데 번호대로 앉아가는 버스 안에서의 선택권을 주니 아이들은 진정으로 자신이 원하는 바를 말했다.

아이들이 원하는 대로 다 하는 것 같지만 사실 그렇지 않다. 선생님과 친구들이 자신을 어떻게 바라볼지를 의식한다. 남의 시선에 신경 쓰는 것은 더불어 살아가기 위한 과정이지만 동시에 지치고 피로한 일이다. 남을 염두에 둘수록 자율성을 발휘할 에너지가 줄어든다. 또한 과도한 남 의식은 내 삶의 주도권을 남에게 내 주는 일이기도 하다. 물론 세상은 더불어 사는 곳이며 나만 내세우지 말고 양보도 할 줄도 알아야 한다. 그러나 자신의 바람을 접어둔 채 타인의 요구에만 맞추는 것은 바람직하지 않다. 보이는 모습과 내가 보는 나 사이의 균형이 필요하다. 울타리는 자율을 제한하는 게 아니라 자율을 발휘할 수 있도록 돕는 환경이다. 대화를 통해 울타리를 정하고, 명확히 하고, 대안을 찾을 때 학생들은 그 안에서 안정감을 느끼고 원하는 바를 선택하고 행동으로 옮길 수 있다.

자율의 진짜 의미
1. 뭐든 마음대로 할 수 있는 자유 : 방임
2. 울타리 안에서의 자유 : 자율
3. 울타리를 벗어났을 때 : 통제
4. 자율의 울타리 세우는 법 : 대화로 명확하게

자율을 이끌어내는 핵심 역할, 선생님

자율교실을 만들기 위해서는 대화도 필요하고 통제도 필요하다. 대화다운 대화, 그리고 꼭 필요한 통제가 자율교실을 지탱한다.

교사의 네 가지 유형

자율교실의 두 가지 축인 대화와 통제의 수준에 따라 교사의 유형을 네 가지로 나눌 수 있다. 독재자, 해결사, 방관자, 안내자로 분류하고 각 유형별 교사의 특징을 알아보자.

① 권위주의적인 교사 (독재자)

통제가 많고 대화는 적은 유형이다. 해야 하는 행동과 해서는 안 되는 일에 단호하지만, 당위성에 대한 설명을 친절히 해주지는 않는다. 교사가 규칙을 정하고, 학생에게 지키라고 한다. 기준이 높고 잘못에 엄격하다.

학생들은 독재자 유형의 교사를 어려워한다. 권위주의적 교실에서 학생들은 교사에게 원하는 걸 쉽게 말하지 못하며 생각이나 감정 표현도 조심스러워 한다. 사소한 일에도 허락과 동의를 구한다.

교사가 위험요소를 고려하여 다각도로 통제하기 때문에 교실 환경은 안전하게 유지된다.

② 헌신적인 교사 (해결사)

대화가 많지만 통제가 적은 유형이다. 친절하고 학생들의 마음을 알아주기 때문에 교사와 학생간의 유대가 좋다. 학생들과 원만한 관계를 유지하는 것을 중시한다. 학생의 요구를 웬만하면 들어주려고 노력한다. 사제지간 보다는 친구 같은 사이에 가깝다.

이러한 유형의 교사는 많은 일들에 해결사를 자처하기 때문에 화장실 갈 틈도 없이 바쁘다. 반면 학생들은 한가하다. 교사가 나서서 뭐든 해결해주고 도와주기 때문에 아이들 입장에서는 편하다. 하지만 자신의 능력을 발휘할 기회는 좀처럼 없다. 학생들은 교사에게 의존하며 때로는 과도한 요구를 하기도 한다.

학생들에게 온정적이고 헌신적이지만 단호히 통제하기를 어려워한다. 아이들에게 상처를 줄까봐 혹은 관계가 틀어질까봐 염려하고, 좋게 타이르고 넘어가곤 한다.

해결사 유형의 교사에게는 '착한 선생님'이라는 수식어가 따라다닌다. 선생님이 잘해주고 화내지 않으니 아이들은 좋다고 한다. 하지만 교사를 만만히 여기고 버릇없이 행동할 수 있다.

③ 무관심한 교사 (방관자)

통제도 하지 않고, 대화도 없는 유형이다. 학생과 대화도 하지 않고, 잘못된 행동에 대한 통제도 하지 않은 채 내버려 둔다. 방관자 교사가 이끄는 교실 속 아이들은 제멋대로고 교실은 무법천지다. 교사가 학생에게 무관심하고 옳고 그름의 분별을 도와주지 않는 교실에서 아이들은 불안감을 느낀다. 자신의 행동에 확신이 없고 생활 습관도 나쁘다. 긍정적 지지를 받지 못했기 때문에 자신감도 떨어진다. 다툼이 생겨도 중재를 해주는 사람이 없기 때문에 교우관계도 좋지 않다. 매우 극단적인 형태로, 실제 학교에서는 찾아볼 수 없어서 분석에도 큰 의미가 없다.

④ 권위 있는 교사 (안내자)

학생들과 대화를 많이 하면서, 통제에도 적극적인 유형이다. 아이들의 감정을 수용하면서 문제 행동에 대해서는 단호히 통제한다. 안 된다고 할 때는 안 되는 이유에 대해 합리적인 설명을 해주고 이해시키기 위해 애쓴다. 또한 통제할 때는 이건 안 되지만 저건 가능하다는 적절한 대안을 주어 숨통 트이게 해준다. 무조건 억압하고 통제하기 보다는 제한된 선택권을 주고 스스로 결정해볼 수 있는 기회를 만들어준다. 안내자, 조력자, 격려자의 모습이다.

안내자 교사가 이끄는 교실 속 학생들은 자율적이고 자존감이 높다. 뭐든 시도해보고 도전하며 실수하더라도 툭툭 털고 일어서는 힘이 있다. 교사의 통제가 결국 자신을 보호하기 위한 것이라는 것을 이해하기 때문에 교사와의 관계도 좋다. 가장 이상적인 교사 유형이며 학생의 자율성을 높이는 교사의 모습이기도 하다.

자전거 타기로 보는 교사의 유형 4

자전거 타기를 떠올려보자. 아이에 따라 차이가 있겠지만, 보통은 초등학령기 전후로 보조 바퀴를 떼고 두발 자전거 타는 시도를 한다. 만약 다칠 수 있다는 이유로 두발 자전거 타기를 하지 못하도록 막아서면 어떨까? 아이는 두발 자전거 타는 법을 배울 수 없다. 통제가 많으니 사고의 위험성은 없지만, 아이들은 수동적이 될 것이다. 이것이 독재자 교사의 모습이다.

두발 자전거를 타보고 싶은 아이를 2인용 자전거 뒷자리에 앉힌다면 어떨까? 두발 자전거를 타는 경험을 해볼 수는 있겠지만 2인용 자전거 뒷자리에서는 자전거 타는 법을 배울 수 없다. 앞에 앉은 교사가 균형을 잡아주니 편하기는 하지만, 아이는 혼자 자전거 타는 법을 배울 수 없다. 해결사 교사는 이런 모습이다. 아이의 요구를 들어주려고 2인용 자전거 앞자리에서 페달을 굴려야 하니 바쁘고 힘들다.

만약 알아서 타라고 맡겨둔 채 뒷짐을 진다면 어떨까? 도와주는 사람이 없다면 아이는 겁이 나서 해볼 용기를 내지 못할 것이다. 설령 시도해 본다 하더라도, 다치기만 하고 배우지 못할 수 있다. 아이에게 모든 걸 맡기고 어떠한 도움도 주지 않는 것이 방관자 교사의 모습이다.

그렇다면 안내자 교사는 어떤 모습일까? 우선 안전을 위해 헬멧과 무릎 보호대와 같은 보호 장비를 착용하도록 안내할 것이다. 안전 수칙 준수에 만전을 기하고, 아이들이 자전거를 타는 내내 세심하게 관찰한다. 균형 잡는 법을 가르쳐주고, 뒤에서 잡아준다. 중심을 잃고 넘어지면 일으켜 세워준다. 아이들은 넘어지고 일어서고를 반복하며 서서히 두발 자전거 타는 법을 터득한다.

아이들을 끌고 가거나 할 수 있는 일을 대신해준다면 자율을 배울 수 없다. 안전한 환경을 만들어주고, 시행착오를 경험할 기회를 주면 아이들은 서툰 시도 끝에 스스로 하는 법을 배울 것이다.

유형	자주 하는 말	특징
독재자	지시, 명령 안 돼. 다쳐. 하지 마	권위주의적인 교사 시키는 대로 하는 아이들
해결사	친절, 봉사 선생님이 해줄게.	헌신적인 교사, 유능한 교사 한가한 아이들, 의존적인 아이들
방관자	무관심, 방임 너희가 다 알아서 해.	무관심한 교사 불안한 아이들, 제 멋 대로인 아이들
안내자	민주적, 소통 어떻게 하면 좋을까?	권위 있는 교사, 격려하는 교사 자율적인 아이들, 유능한 아이들

 사실, 나는 꽤 오랜 기간 교실에서 독재자 교사였다. 통제가 많았지만 이유에 대한 설명은 해주지 않았다. 지시, 명령으로 학생들을 끌고 갔다. 대화다운 대화가 없었다. 잘못에는 엄격했지만, 칭찬에는 인색했다. 학생들은 내 눈치를 슬슬 살폈고 나와 학생들 사이에는 보이지 않는 벽이 있었다.

 문제점을 절감하고 한동안은 해결사 교사가 되기도 했다. 학생들과의 관계는 확실히 나아졌다. 하지만 "선생님 이게 안돼요!", "선생님 이거 해주세요!"라는 학생들의 요구와 수발을 들어주느라 쉴 새 없이 뛰어다녀야 했다. 학생들은 스스로 할 수 있는 일임에도 교사를 찾으니 도무지 여유가 없었다.

 긴 시간 돌고 돌아 지금은 안내자 역할을 하고 있다. 학생들이 못하는 일은 도와주지만 할 수 있는 일이라면 해볼 방법을 안내하고 기회를 마련해 준다. 학생들의 의견에 귀를 기울이며 더불어 교사인 나의 입장도 솔직히 말한다. 대화가 교실의 일상이 되니 아이의 속마음이 보였고, 아이들도 내 마음을 알아줬다. 그 결과 학생들은 자율성이 깨어나기 시작했고 교실에 변화가 찾아왔다.

놀라운 자율의 결과

여유로운 교사

학생이 자율성을 발휘하면 우선 교사가 편하다. 사소한 일까지 선생님의 허락을 구하고 결정을 맡기기보다 아이들 스스로 해보려 하기 때문이다. 따라서 교사는 고민이 필요한 중요한 결정을 하는데 힘을 쏟을 수 있다. 교실 속 문제 상황을 발견하고 위기 가운데 신속하게 대처할 수 있다.

대화를 통해 울타리를 세우는 일, 대안을 찾는 일, 대화로 설득하고 조율하는 과정 모두 교사가 여유가 있을 때 할 수 있는 일이다. 교실의 일상 가운데 자율을 습관화하면 교사는 여유를 갖고 아이들을 관찰하는 데 집중할 수 있다. 교사가 여유로울 때 학생들을 더 많이 돌볼 수 있다.

자존감 높은 아이들

학생이 어떤 자율권도 없이 교사의 명령과 지시에만 따라야 한다면 어떨까? 아이들에게 학교는 따분하고 지루한 곳이 될 것이다. 그렇다면 교사가 학생에게 자율성을 주면 어떨까? 뭔가를 통제하고 결정하고 있다는 의식을 심어주는 것만으로 열의와 유능감, 자존감을 높일 수 있다.

행복한 교실

본인의 자아, 개인의 고유성을 키우지 못한 상태에서 시키는 대로 따르는 것은 누구나 만족스럽지 못할 것이다. 자신의 개성과 창의성, 상상력을 충분히 드러내며 자기답게 성장할 때 진짜 행복을 얻을 수 있다. 자율교실 안에서 아이들은 인정받기 위해 애쓰지 않고, 미움받을까봐 두려워하지 않는다. 자신을 좋아하고 서로를 소중히 여긴다.

아이들이 자율성을 발휘할 때, 처음부터 잘하기보다는 서툴고 부족한 부분이 많을 것이다. 무언가를 처음 자기 힘으로 해보는 과정은 결코 쉽지 않기 때문이다. 그러나 시행착오는 꼭 거쳐야 하는 필수 과정이다. 자율교실의 행복은 온전함에서 오지 않는다. 부족함을 성장의 일부로 받아들일 때 아이들도 교사도 행복할 수 있다.

창의성

우리들 각자에게는 자신만의 고유성과 독창성이 있다. 집단은 이러한 개인의 독창성과 고유성이 인정받기 어려운 환경이다. 거대한 집단이 하나의 방향으로 움직이기 위해서는 '남들처럼', '남들 하는 대로'하길 바라는 요구가 있기 때문이다. 특히 공동체 의식이 강한 우리나라 문화에서 개인주의에 대한 시선은 더욱 따갑다.

만약 남에게 피해를 주거나 집단의 유지에 해악이 되는 개인행동이라면 통제가 필요하다. 그러나 남에게 피해를 줄 가능성이 있다는 이유, 튄다는 이유, 남에게 미움 받을지 모른다는 이유로 꿈틀거리는 개성을 억누르는 것은 바람직하지 않다. 이러한 환경에서 아이들의 개인성, 창의성, 자율성은 자라기 어렵다.

사회성만큼 개인성도 발전시켜 나가야 할 귀중한 가치다. 남을 위하고, 더불어 잘사는 법만큼 자신을 위하는 법도 배워야 한다.

"가장 개인적인 것이, 가장 창의적인 것이다!"

칸 영화제에서 황금종려상을 수상한 봉준호 감독의 수상소감이다. 창의성이란 거창하지 않다. 나다운 것이 창의적인 것이다. 아이의 자율성을 키워주는 만큼 자기다움을 찾을 수 있고, 아이의 창의성도 함께 자란다.

자율의 결과	
1. 여유로운 교사	2. 자존감 높은 아이들
3. 행복한 교실	4. 창의성

무엇이 아이들의 자율을
가로막을까?

통제가 없는 교실은 질서가 없고, 통제가 과도한 교실의 학생들은 수동적으로 변한다. 통제는 꼭 해야 하지만, 적당해야 한다. 따라서 무엇이 꼭 필요한 통제이고 무엇이 불필요한 통제인지에 대한 교사의 분별이 필요하다.

교사에게 허락을 구하는 아이들이 많다. 저학년만이 아니라 고학년도 그렇다. 이때마다 된다는 답을 줄 때는 크게 망설이지 않았다. 그렇지만 안 된다고 할 때는 말하기에 앞서 고민을 많이 했다. 정말 안 되는지, 대안은 없는지를 생각했다. 많은 일들이 안되는 건 아니었다. 깊이 고민해보면 안 되는 일은 많지 않았다. 자율성을 키우기 위해서는 안 되는 것에 대한 통상적인 사고의 틀에서 벗어날 필요가 있다. 틀을 깨고 울타리를 세워야 한다.

앞서 이야기한 '착하다'는 말을 사례로 들어보자. 착한 게 좋은 거다, 착한 사람이 되어야 한다는 생각에 우리는 익숙해져 있다. 하지만 착하게 살려는 노력도 자칫 스스로를 가두는 틀이 될 수 있다.

착하다는 말의 통상적인 사고의 틀을 깨고 울타리를 안내할 때, 아이들은 그 안에서 자율성을 발휘할 수 있다.

	틀	울타리
의미	불필요한 통제 자율을 가로막음	꼭 필요한 통제 자율성을 발휘
착하다	거절을 못 한다 뭐든 남에게 맞춰준다	마음씨가 곱다 남을 잘 돕는다

그렇다면, 자율을 가로막는 또 다른 틀에는 어떤 것이 있을까? 다음 질문에 대한 생각을 떠올려보자.

"우리 아이들, 마음대로 하면 안 되나?"
"우리 아이들, 꼭 잘해야 할까?"

우리 아이들, 마음대로 하면 안 되나?

아이들에게 마음대로 해도 된다고 하면 제 멋대로 할 것만 같아 불안하다. 안 된다는 통제는 아이들을 위함도 있지만 교사의 불안 때문도 있다.

우리 아이들, 정말 마음대로 하면 안 될까? 곰곰이 생각해보자. 마음대로 하지 말라고 한다면, 아이들은 시키는 대로, 정해진 대로, 남들 하는 대로 할 것이다. 그것이 과연 바람직한 일일까? 아이 삶의 주인은 아이다. 자신의 마음의 소리에 귀 기울이고 그것을 추구하며 살아야 한다.

우리 아이들, 마음대로 해도 괜찮다. 그것이 위험하거나 남에게 피해를 주는 일이 아니라면 말이다. 마음대로 하면 안 된다고 말하면 교사의 통제는 무한히 확대되고, 아이들은 교사가 시키는 대로 할 수밖에 없다. 마음대로 할 자유를 인정해주고 학생을 믿어줄 때, 학생들은 아무렇게나 행동 하지 않는다. 믿음을 준 사람을 실망시키고 싶지 않은 게 학생들 마음이다. 위험하거나 남에게 피해를 주지 않는 범위 내에서 마음대로 해도 괜찮다는 울타리를 교사가 세워줄 때, 학생들은 자율성을 발휘할 수 있다.

우리 아이들, 꼭 잘해야 할까?

우리 아이들, 꼭 잘해야 할까? 아이들은 성장을 향한 과정에 있다. 잘하지 못하는 게 당연하며 능숙해지기까지는 연습이 필요하다. 학교에서도 그렇고 가정에서도 그렇다.

나의 딸아이가 초등학교 1학년 때의 일이다. 수영 학원에 다녀온 아이가 울며 이렇게 말했다.

"엄마, 나 수영 안 할래. 나도 잘 하고 싶단 말이야!"

평소 워낙 수영을 즐거워했던 아이라 안 하겠다고 우는 것이 의아했다. 잘하고 싶다면 더욱 계속해야 하는데, 아이는 잘하고 싶다는 이유로 그만두겠다고 했다. 궁금함에 선생님께 연락을 드렸다.

사정은 이러했다. 자유형에서 배영 진도를 나가고 있었던 차에, 딸아이는 발차기가 약해서 앞으로 쭉쭉 나가질 못했고, 혼자 발차기 연습만 하게 된 것이다. 같이 하던 아이들은 다들 배영을 하는데, 혼자 킥판을 붙잡고 발차기를 하며, 친구들보다 못한 자신을 보고 속이 상했던 것이다. 충분히 겪을 수 있는 일이고 오히려 좋은 경험이 될 수 있다는 생각에 아이에게 말했다.

"기쁨아, 너 유치원 다닐 때 한글 일찍 깨우친 친구가 있다고 신기해했던 거 생각나? 너는 입학 직전에 한글을 읽었는데, 6살 무렵부터 한글을 읽고 쓰는 친구가 있었잖아. 지금은 어때? 차이가 있니?"

"아니. 이제 다 한글 읽을 줄 아니까."

"맞아. 빠르고 늦는 것, 잘하고 못하는 것. 다 이런 거야. 큰 차이인 것 같지만 별 차이 없어. 네가 못하고 친구들이 잘하는 것처럼 느껴지지만 그렇지 않아. 그리고 넌 이제 초등학생이야. 잘하지 않아도 괜찮아. 잘하는 건 나중에 해. 좀 더 커서 잘 해도 안 늦어. 지금은 그냥, 하는 사람 돼. 그게 훌륭한 거야. 그리고 네가 매일 꾸준히 하다 보면 잘하는 날이 와."

몇 년이 지난 최근 이 때 이야기를 아이와 나눴다.

"엄마 말이 맞았어. 수영 계속하길 잘했어."

기쁨이는 그때의 고비를 넘기고 수영을 계속했다. 코로나 이전까지 계속했고 평영, 접영까지 마스터했다. 같이 수영을 하던 친구들은 중도에 그만 두었다. 계속 하다보면 잘하는 날이 온다. 사실 무언가를 꾸준히 하는데 못한다는 게 더 어려운 일이다.

잘해야 한다, 혹은 잘하는 게 좋은 것이라는 생각은 아이들도 똑같다. 잘해야 한다는 틀에 갇혀 도전을 망설이고, 잃을 게 보이면 도전하지 않고 주저앉기를 타협한다. 무엇이든 잘하고 싶은데, 욕심만큼 결과가 나오지 않으면 잘하지 못한 자신을 질책한다.

잘해야 한다는 틀을 깨자. 초등 시기는 무언가를 잘할 수 있는 때가 아니라, 뭐든지 해보는 탐색을 하는 시기다. 아이들이 해봤다는 시도와 도전, 다 했다는 완수의 경험을 해보면 좋겠다. 잘했다는 성취의 경험은 나중에 해도 늦지 않다.

틀	울타리
마음대로 하면 안 된다.	위험하거나 남에게 피해를 주지 않는다면 마음대로 해도 괜찮다.
잘해야 한다. 잘하는 게 좋은 거다.	잘하는 건 나중에, 하기만 하면 된다. 꾸준히 하다보면 잘하게 된다.

학교에서 아이들은 친구들보다 못한 자신을 볼 때가 있다. 비교 당하는 환경에서 아이들이 스스로를 자랑스럽게 여기기란 참으로 어렵다. 남들보다 공부를 못하거나 운동을 못한다고 느낄 때, 스스로가 사랑스럽지 않다. 자신에 대한 사랑이 자리를 잡기도 전에 열등감이 뿌리내리는 것이다.

학교에서나 가정에서나 아이들에게 남을 사랑하는 법을 많이 교육한다. 존중, 배려, 친절, 나눔, 양보 등등 말이다. 물론 더불어 살아가기 위해 타인을 생각하는 것을 배워야 한다. 그러나 타인과 더불어 사는 것만큼 자신과 잘 지내는 법도 배워야 한다.

자신과 화목한 것에도 연습이 필요하다. 나와 잘 지내야 자율성을 발휘할 수 있다. 남에게 피해를 주지 않는다면, 지나치게 남을 의식하지 않는 연습. 내가 뭘 좋아하는지, 뭘 원하는지 나에게 묻는 연습. 나에게 친절한 연습. 남의 마음에 들기 전에 내 마음에 드는 연습 말이다.

스스로를 소중히 여기는 아이는 남의 인정을 받지 못한다 하더라도 기죽지 않는다. 자신을 좋아할 때, 다른 사람도 인정해주고 좋아할 수 있다. 교사는 아이에게 자신을 향한 사랑과 믿음의 발걸음을 디딜 용기를 주면 좋겠다. 남의 평가에 얽매여 스스로를 감추지 않도록 틀을 깨자. 스스로에 대한 믿음을 키울 수 있는 울타리를 세우자. 틀을 깨고 울타리를 세울 때, 아이의 자율성이 자란다.

자율교실의 3원칙

자율이란 스스로 선택하고 결정하여 행동하는 것이다. 갓 태어난 아기는 스스로 선택할 능력도 결정할 능력도 없다. 자라면서 서서히 할 수 있는 과제들이 생겨나고 초등학령기에 들어서면 꽤 많은 일을 자기 힘으로 해낼 수 있다. 하지만 아이들의 자율성은 나이와 비례하여 커지지는 않는다.

코로나19로 인해 온라인 학습이 늘어나면서, 온라인 환경에서도 부모의 감시 없이도 자율적으로 공부하는 아이가 있는가 하면, 클릭으로 진도율만 채우는 아이도 있다. 차이의 배경에는 아이의 습관이 자리하고 있다. 시키는 대로 하는 것도 스스로 하는 것도, 살아온 패턴에 의한 것이다. 익숙해진 삶의 양식을 바꾸면 자율도 습관이 될 수 있다.

자율을 습관으로 만드는 노하우는 정서, 인지, 행동, 이 3가지 측면으로 볼 수 있고 아래와 같이 체계화할 수 있다. 1원칙, 원하는 바를 알아야 스스로 한다는 자율교실의 대화법이다. 2원칙, 예측할 수 있어야 스스로 한다는 자율교실의 체계다. 3원칙, 기회를 줘야 스스로 한다는 자율교실 속 수업방법이다. 1, 2, 3원칙으로 나누어 설명하지만 사실 3가지는 서로 밀접하게 연결되어 있다. 교실 속 대화와 교실의 체계, 수업이 서로 영향을 준다. 정서, 인지, 행동이 서로 선순환하면서 자율은 교실 습관으로 자리 잡는다.

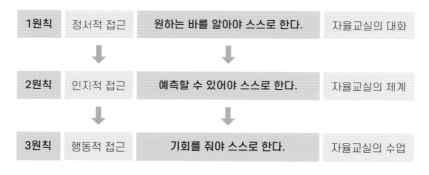

<자율교실의 3원칙>

[1원칙] 원하는 바를 알아야 스스로 한다.

자유 시간을 주었을 때, 원하는 놀이에 곧장 몰두하는 아이가 있는가 하면, 뭘 해야 할지 갈피를 잡지 못하고 방황하는 아이도 있다. 자신이 뭘 원하는지, 뭘 좋아하는지를 아느냐 모르느냐에 따른 차이다.

원하는 바를 알아야 스스로 할 수 있다. 그런데 자신이 뭘 원하는지 스스로에게 묻고 답하는 일은 그렇게 많지 않다. "넌 어떻게 하고 싶어?", "넌 어떤 게 좋아?", "이 놀이 같이 할래?"라고 친구가 물어 봐준다면, 아이는 자신이 뭘 원하는지 생각하고 들여다본다. 자신에게 관심을 가져주는 사람과의 대화를 통해 자신이 누구인지 발견할 수 있는 것이다.

자신이 어떤 사람인지, 뭘 원하는지, 뭘 좋아하지 않는지 아는 것이 자율을 깨우는 첫 번째다. 내가 뭘 원하는지에 대해 말할 수 있을 때, 미래를 향한 꿈도 키워갈 수 있다. 학생들이 원대한 꿈을 갖고 도전할 수 있으려면, 우선 원하는 것에 관심을 두도록 도와주어야 한다. 원하는 바를 말하는 대화를 자연스러운 일상으로 만드는 것이 필요하다.

> **[1원칙] 원하는 바를 알아야 스스로 한다.**
>
> (학생이 자신의) 원하는 바를 알아야 스스로 한다.
> 교사의 역할 : 대화를 통해 학생의 마음을 꺼내준다.

[2원칙] 예측할 수 있어야 스스로 한다.

교사가 특정 학교에서 근무할 수 있는 기간은 제한적이다. 새로운 체계와 분위기에 적응하기 위해서는 이것저것 살펴야 할 게 많고, 그래서 학교를 옮기는 것은 매번 부담스러운 일이다.

몇 해 전 옮긴 학교에는 식당이 따로 없었다. 교실에서 급식을 한다는 사실을 알고는 있었지만, 정작 급식차가 어디 있는지는 금방 파악이 안됐다. ㄷ자 구조의 학교는 미로처럼 느껴졌고, 겨우 내 교실의 위치만 아는 상태에서 교실배치도 만으로 급식차를 찾는 건 역부족이었다. 그때 해결사가 된 건 바로 아이들이다.

아이들은 번개같이 급식차를 갖고 왔고, 일사불란하게 식판과 반찬과 식기를 배치했다. 점심 먹고 급식차 정돈과 제 위치에 가져다 놓는 것까지 모두 스스로 했다. 어디 급식차 뿐인가. 과학실은 어디고 체육관은 어디인지, 축구공과 배구공은 어디 있고, 어떻게 꺼내는지까지, 다 아이들이 스스로 했고 나는 아이들이 하는 걸 보고 배웠다. 물론 급식 방법에 대해서는 쿨메신저로 안내를 받았고, 체육관은 어디인지도 교실 배치도를 통해 알 수 있었다. 하지만 종이와 글자로 익히는 것보다 아이들이 알려주는 정보가 나에게 더 와닿았다.

이렇듯 아이들이 좋은 안내자가 될 수 있었던 배경은, '예측'으로 설명할 수 있다. 익숙한 환경에서는 뭐든 예상이 되지만, 새로운 환경은 예측이 되지 않는다. 학교에 새로 부임한 나는 모르는 상황들을 아이들은 모두 알고 있었다. 나에게 새로운 학교는 예측할 수 없는 일 투성이였지만, 이제 5학년인 아이들에게는 다 아는 정보였고, 그래서 스스로 할 수 있었다.

늘 같은 시간, 같은 장소에서 같은 행동이 반복된다면 어떨까? 아이들은 동일한 시간, 동일한 장소에서 자신이 뭘 해야 할지 알고 행동으로 옮길 것이다. 예측할 수 없을 때는 주변을 이리저리 살피느라 에너지를 쏟지만, 예측할 수 있을 때는 스스로 한다. 이처럼 예측은 스스로 움직이는 힘, 자율의 바탕이 된다.

> **[2원칙] 예측할 수 있어야 스스로 한다.**
>
> (학생이 교실 루틴을) 예측할 수 있어야 스스로 한다.
> 교사의 역할 : 좋은 루틴을 세우고 반복한다.

[3원칙] 기회를 줘야 스스로 한다.

원하는 것이 무엇인지 알고, 또 예측할 수 있다고 해서 곧장 아이들의 행동으로 이어지는 것은 아니다. 교사가 던진 질문에 대한 답을 이미 알고 있고, 발표하고 싶은 마음이 있는데도 손을 들거나 큰 소리로 답을 하지 못하는 아이들이 많다. 설령 틀린다 하더라도 누구도 뭐라고 하지 않음에도 아이는 용기를 내지 못한다. 왜 그럴까?

내성적이고 남을 의식하는 성향에도 이유가 있지만, 습관의 영향도 있다. 발표를 하지 않는 것이 습관으로 굳었다면, 원하는 대로 하기보다 습관대로 한다.

자율을 습관으로 만들기 위해서는 아이에게 기회를 주어야 한다. 멍석을 깔아주어 스스로 해보는 문화가 교실에 자리 잡을 때 학생들 모두가 자율적으로 움직일 수 있다.

> **[3원칙] 기회를 줘야 스스로 한다.**
>
> (교사가) 기회를 줘야 (학생이) 스스로 한다.
> 교사의 역할 : 학생에게 편안하고 안전한 기회를 만들어준다.

자율교실의 역할 모델, 교사

교실 속 교사의 영향력은 크다. 아이들은 선생님이 하는 것을 따라하고 교사를 닮아간다. 교사가 원하는 걸 어떻게 표현할 수 있는지 생활 가운데서 보여주면, 아이들은 '아, 저렇게 하는 거구나'라며 보고 배운다.

자율을 습관화하기 위한 모델이 바로 교사다. 나는 학생들에게 내 이야기를 많이 들려주는 편이다. 어릴 적 이야기부터 퇴근 후 하는 일, 초등학생 딸을 키우는 일상까지 학생들에게 들려준다. 처음부터 이랬던 것은 아니다.

초임교사 시절의 나는 아이들과 처음 만난 날부터 지켜야 하는 규칙에 대한 이야기를 힘주어 말했다. 그것도 잔뜩 굳은 근엄한 표정으로. 처음부터 웃으면 만만히 보일 수 있다는 조언에 따른 것인데, 지금 생각하면 나답지 않은 말이고 행동이었다.

첫 만남에서 선생님이 어떤 사람인지 미처 알지 못한 채, "이거 하지 마", "이것도 안 되는 거야"라는 의무와 규칙을 듣는다면 아이는 엄격한 선생님의 눈치를 살피려 들 것이다. 긴장한 나머지 자율성을 발휘하지 못한다.

처음 만난 날, 선생님이 누구인지 어떤 사람인지 말해준다면 어떨까? 학생들은 누구나 새로운 선생님을 향한 궁금증을 갖고 있다. 첫날 선생님의 이야기를 들려준다면 절대 흘려듣지 않을 것이다. 3월 첫 만남은 선생님이 뭘 원하는지, 어떤 사람인지, 뭘 바라고 기대하는지 말할 수 최고의 기회다.

선생님은 이런 거 좋아해 (기대행동)

무엇을 좋아하느냐 하는 기호는 그 사람을 이해하는 데 도움을 준다. 선생님이 좋아하는 것을 아이도 좋아한다면 공감대가 형성될 수 있다. 교사가 기대하는 행동이 있다면, 좋아하는 행동이라고 소개해 보자. 이렇게 하는 것이 의무임을 말할 때 보다, 선생님이 좋아한다고 할 때 학생들은 자연스럽게 그 행동을 하려고 할 것이다.

선생님은 이런 거 싫어해 (해서는 안 되는 행동)

학생들이 교실에서 해서는 안 되는 행동이 있다면, 선생님은 "이런 거 싫어해"라는 방식으로 말할 수 있다. 복도에서 뛰면 안 된다는 말 대신 "복도에서 뛰는 거 싫어. 안하면 좋겠어."라고 할 수 있다. 선생님이 싫어한다는 걸 알 때, 아이들은 그 행동을 스스로 통제하려고 한다.

선생님의 의중을 헤아릴 줄 아는 아이들은 많지 않다. 보이지 않는 바람과 숨겨진 기대를 읽어내기란 아이들에게 쉽지 않은 일이다. 말해주지 않으면 아이들은 선생님의 마음을 알 길이 없다.

　선생님도 자신의 속내를 보이는 것에 서툴 수 있다. 자꾸 해보면 익숙해질 것이다. 내가 누구인지, 어떤 사람인지 먼저 자신에게 묻자. 그리고 아이들에게 솔직하게 말해주자. 자율교실의 시작은 대화에 있고, 소통의 출발은 교사에게 달려있다.

자율교실의 환경, 1%의 차이다

학교 분위기는 구성원이 누구냐에 따라 달라지기도 하지만, 관리자의 영향을 받는다. 교실도 그렇다. 교실의 분위기와 문화는 아이들이 만들어 가는 것이지만, 교사의 영향이 크다. 교사가 어떻게 하느냐에 따라서 학급의 분위기가 달라진다.

자율성을 이끌어내는 교실의 분위기는 한마디로 하면, '편안함'이다. 마음이 불편하면, 구성원의 눈치를 살피게 된다. 자율성을 발휘하기 위해서는 우선, 마음이 편해야 한다.

어떻게 하면 마음 편한 교실을 만들 수 있을까? 자율교실의 3원칙을 교실 환경 설계에 적용해보자.

원하는 것을 말하는 문화

원하는 바를 알아야 스스로 한다. 하지만 아이가 속으로 원하는 게 있다 하더라도, 그걸 선생님이나 친구들에게 말하기란 쉽지 않은 일이다. 아이들은 자신의 의견을 밝히는 것에 익숙하지 않다.

원하는 걸 말할 수 있는 시간을 마련해두는 것도 좋은 방법이다. 나는 서클 회의를 학급의 루틴으로 했다. 서클 회의는 '학급긍정훈육법(PDC)'에서 강조하는 회의 방식으로, 구성원 모두가 원으로 앉아 진행하기 때문에 서클 회의라고 일컫는다. 교사와 학생이 원으로 둘러 앉아 학급문제에 대한 자신의 생각과 의견, 좋은 점, 고마운 점, 또 개선점을 나눈다. 다툼이나 갈등도 속 터놓고 이야기할 수 있다.

교사가 아이들에게 원하는 것을 말하라고 독려하는 것만으로는 한계가 있다. 말하라고 해도 아이들은 대 놓고 표현하지 못한다. 그러나 서클 회의처럼 모두가 자신의 의견을 말하는 분위기에서라면 용기를 낸다. 원하는 바를 말하는 게 자연스러운 교실의 문화가 되면 좋다.

비난하지 않는 문화

아이들은 예측할 수 있어야 스스로 한다. 그리고 실수한다 하더라도 비난받지 않을 거라는 예측이 가능할 때, 용기를 내어 해보려고 한다. 반대로 실수를 할 때 공격을 받는 분위기에서 아이들은 실수를 피하기 위해 에너지를 쏟을 수밖에 없다. 그렇다면 비난하지 않는 문화는 어떻게 만들 수 있을까?

① 사과하는 문화

비난하지 않는 문화는 사과하는 문화의 바탕 위에 세워진다. 길을 가다 맞은편에 뛰어오는 친구와 부딪쳐서 책을 떨어뜨렸다고 가정해보자. 상대편이 먼저 미안하다고 한다면, 괜찮다는 말이 저절로 나올 것이다. 고의적으로 민 게 아님을 알기 때문이다. 만약, 뻔히 봤으면서도 사과의 말이나 제스처 없이 모르는 척 지나간다면 어떨까? '쟤 뭐야? 왜 저래?'라고 묻고 싶어진다. 납득이 가지 않는 황당함은 비난으로 이어질 수 있다.

마음속으로는 미안함을 느끼는데도 입이 떨어지지 않아 사과의 말을 못하는 아이들도 있다. 사과도 습관이고 연습이 필요하다. 비난하지 않는 것이 교실의 문화로 자리 잡기 위해서는 "미안해", "괜찮아"라는 대화가 일상이 되어야 한다. 먼저 사과하는 상대편에게 "왜 그랬어?"라는 비난의 말을 던질 아이는 없다.

② 물어뜯지 않는 문화

나는 실수를 "물어뜯지 말라"는 말을 학생들에게 자주 한다. 무는 것은 실수를 포착하는 것이고 뜯는 것은 실수에 대해 비난하는 것이다. 둘 다 도움이 되지 않는다.

수업 중 교실에 핸드폰 알람이 울린 상황을 예로 들어보자. 황급히 핸드폰을 찾아 종료 버튼을 누른다면, 학생이 고의적으로 핸드폰을 켜 둔 것이라 볼 수 없다. 그런데 그 상황에서 "쟤, 뭐야?", "왜 학교에서 핸드폰을 켜냐?"라고 비난이나 야유를 보낸다면 그것이 곧 물어뜯는 것이다. 문제를 알아차리고 행동을 개선했을 때 비난은 수치심만 줄 뿐이다. 창피함이라는 감정이 주는 스트레스는 엄청나다.

실수를 물어뜯지 않는 분위기를 만들자. "껐으니까 그걸로 됐어. 물어뜯지 말자."라고 하면 아이들도 알아듣는다. 실수를 감싸주는 문화 속에서 아이들은 너그러움을 배운다. 친구들이 실수를 이해해줄 때, 아이도 친구들의 실수를 똑같이 이해해줄 것이다.

실수를 만회할 기회를 주는 문화

기회를 줘야 스스로 한다. 만약 실수를 만회할 기회가 없다면 어떨까? 한 번의 실수가 곧 끝이라면, 아이는 교실에서 긴장할 것이다. 긴장 가운데, 자율을 발휘할 수는 없다. 자율을 이끌어내기 위해서는 실수를 만회할 기회를 주어야 한다.

실수를 만회할 수 있는 기회는, 몇 번을 주는 것이 좋을까? 초임교사 시절 나는 학생들에게 세 번의 기회를 주었다. 세 번 이상의 기회를 주면 실수를 개선하기 위한 노력을 안 할 것만 같았다. 그런데 횟수를 정해두니 학생들은 실수하지 않기 위해 더 긴장했고, 긴장 때문에 실수가 줄지 않았다. 교사인 나도 두 번의 기회를 쓴 아이를 향해 벼르는 마음이 생겼다. 기회를 줬는데도 제자리인 아이가 실망스럽기도 했다.

지금은 실수를 만회할 기회에 대한 횟수를 따로 정하지 않고 있다. 그렇다고 무한정 실수해도 괜찮다는 것은 아니다. 다만 횟수를 세지 않을 뿐이다. 실수를 개선하는 태도를 기르기 위해서는 실수를 만회할 기회를 주어야 하고, 횟수에 제한을 두지 않는 것이 좋다는 게 내 생각이다. 경험상 실수를 만회할 기회를 3번 이상 준다고 해서, 학생들이 실수에 무뎌지지는 않았다.

실수는 배움으로 향하는 필연적 과정이다. 그래서 실수는 평가 받지 않아야 하며, 실수 속에서 깨닫고 자라난 스스로를 발견할 수 있는 기회를 주어야 한다.

자율교실의 환경 설계
[1원칙] 원하는 바를 알아야 스스로 한다.　→　원하는 것을 말하는 문화
[2원칙] 예측할 수 있어야 스스로 한다.　→　비난하지 않는 문화
[3원칙] 기회를 줘야 스스로 한다.　→　실수를 만회할 기회를 주는 문화

실수한 아이에게 해줄 말

아이들은 어리고 미숙하다보니 실수가 잦다. 실수하는 아이에게 무슨 말을 해주면 좋을까?

① 괜찮아.

실수에 대한 교정도 필요하지만, 괜찮다는 위로가 먼저다.

② 앞으로 어떻게 하면 될까?

일부러 실수하는 아이는 없다. 따라서 실수의 이유를 묻는 건 추궁이 될 뿐, 아이에게 도움이 되지 않는다. 왜 그랬냐는 물음 대신 앞으로 어떻게 하면 될지를 물어보자.

"왜 그랬니?"가 과거에 초점을 두고 있다면, "어떻게 하면 될까?"는 미래에 초점을 두는 질문이다. 이미 실수한 것은 괜찮지만 계속 실수해도 괜찮다는 것은 아니다. "앞으로 어떻게 하면 될까?"라는 질문은 아이가 실수에 머물지 않고 앞으로 나아가도록 안내해준다.

③ 너를 미워하지 마.

학생들은 실수하는 자신을 한심하게 여기며 스스로를 미워하곤 한다. 실수는 어릴 때만이 아니라 커서도 할 수 있고, 언제든 할 수 있다. 실수할 때마다 스스로를 미워한다면, 자신을 미워할 일은 끝없이 많다. 자신을 미워하지 않도록 이렇게 대화로 이끌어 주면 좋다.

"괜찮아. 실수는 누구나 하는 거고, 앞으로 안하면 돼. 네가 너 자신을 미워하지는 마."

실수한 아이에게 해줄 말	마음편한 교실을 만드는 말
괜찮아.	괜찮아.
앞으로 어떻게 하면 될까?	해봐. 선생님이 도와줄게.
너를 미워하지 마.	걱정하지 마. 큰일 안나.

잘했을 때 칭찬하고 박수 치는 것은 어느 곳이나 크게 다르지 않다. 집에서건, 학교에서건, 회사에서건 성과를 낼 때 그 사람에게 호의적이다. 그러나 실수에 대한 태도는 차이가 있다. 비난하는 집단이 있는가 하면, 실수를 과정으로 너그럽게 받아들이는 집단도 있다.

구성원이 집단 가운데 느끼는 안전함과 편안함은, 성공과 성취에 대한 평가가 아닌 실수에 대한 반응에서 좌우된다. 잘했을 때 칭찬받고 성과를 냈을 때 인정받는 것으로 편안함을 느끼는 것이 아니라, 잘못했을 때나 실수했을 때 괜찮다는 격려와 위로를 주는 집단에서 편안함을 느낀다.

실수로부터 안전함을 느끼지 못한다면, 교실은 차갑고 메마른 공간이 될 것이다. 교실의 온기는 사람이 만든다. 못하더라도 업신여기지 않는 친구들, 서툴더라도 이해해주는 선생님, 실수에도 괜찮다고 말해주는 사람들 말이다.

자율교실의 환경 세우기

학생의 의견을 어떻게 알 수 있을까?

학생들에게 원하는 것을 밝힐 기회를 주는 것은 자율교실을 만드는 필수 과정이다. 그러나 교사가 모든 학생에게 일일이 의견을 물을 수는 없는 일이다. 그럼 어떻게 해야 할까?

학생들의 기호를 반영한 몇 개의 선택지를 만들어 학생들에게 고르게 할 수 있다. 흔히 찬성과 반대의 의견을 묻거나 1번, 2번, 3번 중의 선호도를 조사할 때 거수의 방법을 쓴다. 그런데 거수에는 손을 들고, 숫자를 세는데 시간이 많이 걸린다. 꼭 손을 들지 않는 학생이 있고, 총합과 맞지 않아 다시 손을 드는 일도 종종 생기니 비효율적이다. 번쩍 들지 않고 손든 시늉만 하는 학생이 있다. 손드는 아이들도 힘들고, 세는 교사도 번거롭다.

자율교실의 필수 아이템, 자석이름표

이때 자석이름표를 활용하면 편리하다. 칠판에 찬성, 반대 칸 혹은 1번 2번 3번의 구획을 나눠놓고 해당하는 쪽에 자신의 이름을 붙이는 것이다. 한명씩 나와서 이름을 붙이면 결과가 한눈에 보인다. 또한 투표를 하지 않은 학생이 누구인지도 바로 알 수 있다. 학기 초에 학생들의 이름을 출력한 다음, 뒤에 자석을 붙여 만들어 놓으면 1년 내내 유용하게 쓸 수 있다.

자율교실의 문제해결의 시작, 안건 칠판

안건칠판을 만드는 것도 좋은 방법이다. 만약 학급회의에서 의논하고 싶은 안건을 교사에게 말하게 한다면, 아이들은 선생님이 어려워 주저할 수 있다. 학급회의 시간까지 기다려야 한다면, 그 사이에 자신이 생각한 학급의 문제를 잊을 수도 있다.

안건 칠판을 만들어 기록해두면 그때그때의 문제 상황을 지나치지 않을 수 있다. 안건 칠판에 적어두고 학급 회의가 시작되기 전 안건에서 지워진 일도 많다. 안건 칠판에 기록하는 것만으로 아이들이 자신들의 문제를 상기하고 행동이 고쳐졌기 때문이다. 이처럼 문제를 모두가 보고 공유할 수 있도록 안건칠판을 만들어두는 것은 여러모로 유익하다.

교실의 소모품은 누가 바꿔야 할까?

물레방아 테이프, 두루마리 휴지 등 교실에서 같이 사용하는 소모품은 누가 바꿔야 할까? 나는 소모품을 다 쓴 걸 발견하면 누구든 바꿀 수 있음을 알려준다. 물레방아 테이프의 심이 어디 있는지, 두루마리 휴지는 어디에 보관하고 있는지를 학기 초에 가르쳐주면, 학생들은 스스로 교실 소모품 관리를 한다. 이렇게 한 후로, 나는 일 년 내내 교실의 소모품 교환을 해본 적이 없다. 다 쓰고 나면 학생들 스스로 바꿨고, 그 역할을 서로 해보려고 했다.

"선생님, 혹시 물레방아 심 바꾸다가 고장 내면 어떻게 해요?"

가끔 이렇게 묻는 학생도 있다. 괜히 손을 댔다 고장이 날까봐 불안한 것이다.

"소모품이야. 고장 내서 못쓰게 된 게 아니라 물건의 수명이 거기까지인 거지. 고장 나는 건 괜찮고, 네가 그거 바꾸다가 다치지만 않으면 돼."

물레방아 심을 바꾸다가 학생들이 고장을 낸 적은 없다. 그런데, 물레방아의 방향이 반대가 된 적은 있다.

"선생님, 물레방아가 거꾸로 돌아가요."

"음, 그게 무슨 말이야?"

"아 제가요, 심을 바꿨는데요, 방향이 반대가 됐어요. 다시 돌려놓아야 해요?"

버튼을 아래로 누를 때 돌아가던 물레방아 테이프는, 방향이 반대가 되면서 버튼을 위로 올려야 돌아갔다.

"어머, 그러네. 진짜네. 신기하다. 이렇게 쓰면 되지, 돌려놓을 필요 없어. 거꾸로도 돌아가는구나. 굉장한데~ 네 덕분에 새로운 사실을 알았어. 넌 발명을 한 거야."

자율교실의 모습은 질서정연하지 않다. 곳곳에 빈틈투성이다. 그런데 그 빈틈 속에 아이들의 개성이 드러나고 창의성이 싹튼다. 내 머릿속 물레방아는 늘 한 방향으로만 돌아갔다. 거꾸로 돌아갈 수 있음을 학생들을 통해 알았다.

"얘들아, 모범생이 되지 않아도 괜찮아"

"왜 실수를 한 거야? 도대체 왜 그런 거야?"

어릴 적, 사소한 실수를 할 때 나는 스스로에게 이렇게 물었어. 괜찮다는 말을 나에게 해준 사람이 없을 때는 더더욱 나를 책망했고, 딱히 실수한 걸 나무란 사람이 없을 때도 내가 나에게 돌을 던졌어. 그게 자기반성인 줄 알았는데 그건 스스로를 향한 질책이고 학대였어. 의도치 않은 실수에는 이유가 있을 수 없으니까. 그저 스스로를 아프게 할 뿐이지.

긴 시간 내가 나를 아프게 하고 얻은 깨달음은, 나 자신에게도 친절해야 한다는 거야. 먼저 스스로를 지킬 수 있어야 해. 남의 실수에 관대한 만큼 나의 실수에도 그래야 하고, 남에게 상냥한 만큼 나에게도 상냥한 말을 건네야 해.

남들이 좋아해주는 내 모습만을 사랑하는 건 반쪽짜리 사랑이야. 부디 온전히 너 자신을 사랑하렴. 올해 선생님과 그 연습을 하면 좋겠어.

잘하지 않아도 괜찮아. 그냥, 하기만 하면 돼. 이제 초등학생인 너는 서툰 것이 당연해. 그러니 움츠러들지 말렴. 너의 가치는 성취에 의해 결정될 수 없어. 성장을 향해 나아가고 배워가는 것 자체로 귀하다는 걸 알았으면 한다. 한 번의 시도로 좌절하지 말고, 계속 해보는 거야. 잘하는 건 나중에 해도 늦지 않아.

실수해도 괜찮아. 실수 없이는 아무것도 배울 수 없어. 실수를 교훈삼아 앞으로 나아가면 돼. 또한 실패했다는 건 네가 도전했다는 증거이기도 해. 그러니 실수했다고 해서 너를 한심하게 여기거나, 실패했다고 해서 너를 실패자로 여기지 말렴. 그건 일부 상황에서 성공적이지 못했을 뿐이니까. 실수나 실패를 너의 가치와 연결시켜서는 안 돼. "실수하면 어떻게 해. 도대체 왜 그랬니?"라는 말 대신 "다음부터는 잘하자!"라고 다정하고 따뜻한 말을 건네는 네가 되길 바라.

모범생이 되려고 애쓰지 않아도 괜찮아. 모범적이라는 기준은 사람에 따라 다르고, 남을 만족시키기 위해 네가 너 아닌 사람이 될 이유는 없으니까.

잘해야 한다는 것, 실수하면 안 된다는 것, 모범적이어야 한다는 것. 모두 네가 너다워지는 데 걸림돌이 된다면 거기에서 벗어나도 괜찮아.

네 안의 목소리에 귀를 기울이렴. 네 가슴을 뛰게 하는 일, 너를 진정으로 기쁘게 하는 일을 찾고, 너 자신의 이야기를 만들어가길 바라. 너의 삶이고 네 삶의 주인은 바로 너니까.

네가 누구인지에 대해 네가 답을 할 수 있어야 해. 그렇지 않으면 남들 하는 대로, 남들처럼 하는 것이 네 삶의 방향이 될 수 있어. 네 자신에게 어떤 사람인지가 남에게 어떻게 보일지보다 훨씬 중요하단다. 남의 인정은 잠시 깜빡이는 불빛이야. 스스로 빛을 발할 때, 네 삶은 영원히 반짝일 수 있어. 꺼지지 않는 빛은 네 안에 있음을 꼭 기억하렴.

나와 함께했던 시간 가운데 전보다 너를 더 사랑하고, 너다움을 발견하게 된다면, 그보다 보람찬 일은 선생님에게 없어. 네 자신의 마음에 드는 사람이 되길, 너와 친해지길, 바로 너 자신이 되길 바라고, 응원할게.

Part. 2
자율교실의 대화

교사가 아이의 내면의 목소리에 귀를 기울여줄 때 아이는 스스로 답을 찾으려고
합니다. 정답을 알려주고 그대로 하게 하면, 당장의 해결은 빠르지만 그때뿐입니다.
스스로 해답을 찾아가는 과정은 더디지만, 그렇게 깨달은 것은 평생을 갑니다.
정답을 알려주기보다 힌트를 주고 해답을 찾도록 도와주어야 하는 이유가 여기에
있습니다. 아이를 변화시키고자 한다면, 우선 기다려 주세요.
선생님이 먼저 웃으면, 아이도 따라 웃을 거예요. 침묵도 대화입니다.

원하는 바를 알아야

스스로 한다.

대화 습관이 만든 놀라운 변화

"선생님, 우유 곽 따 주세요."

"선생님, 짜요짜요 요구르트 뜯어 주세요."

한 아이가 해달라고 나오면 여러 아이가 줄지어 온다. 저학년에서 흔한 일상이다. 이럴 때면 나는 대신 해주지 않고, 우유 곽 따는 방법, 짜요짜요를 손으로 뜯는 법을 설명해 주었다. 스스로 할 수 있도록 방법을 안내하고 가르쳐주었다.

지금 생각해보면 아이들이 해달라고 온 건 방법을 '몰라서'가 아니라, 선생님이 해주는 게 '좋아서'였다. 그때는 가르침이 앞선 나머지 아이들의 마음을 읽지 못했다.

자율교실은 아이들의 마음을 알아주는 데서 시작된다. 학생들의 마음을 알 수 있는 통로가 대화다. 자율교실은 대화에서 시작하고 대화로 완성된다.

대화, 자율교실의 시작이자 완성

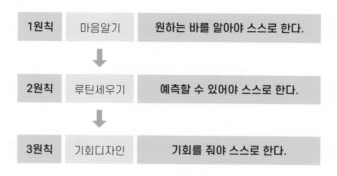

1원칙	마음알기	원하는 바를 알아야 스스로 한다.
2원칙	루틴세우기	예측할 수 있어야 스스로 한다.
3원칙	기회디자인	기회를 줘야 스스로 한다.

<자율교실의 3원칙>

대화는 자율교실을 움직이는 3원칙의 기반이다. 1원칙 마음알기, 2원칙 루틴 세우기, 3원칙 기회디자인이 모두 중요하지만 그중 마음을 아는 게 가장 첫 번째다. 대화를 통해 아이들의 마음을 들여다 볼 수 있어야 좋은 루틴도 세울 수 있고 균형 있는 기회디자인도 할 수 있기 때문이다.

게다가 1원칙 대화는 교사의 영향이 가장 크다. 2원칙 루틴 세우기나 3원칙 기회디자인의 경우 교사가 환경을 만들 뿐, 실천은 학생에게 달려있다. 그러나 1원칙 마음알기는 다르다. 교사가 어떻게 말을 하냐에 따라 아이들의 마음을 꺼낼 수도 있고 닫히게 할 수도 있다.

대화 잘하는 교사

직업이 교사임에도 나는 말이 어렵다. 내성적인 성향 때문이기도 하고, 완벽주의적인 성격 탓에 말하기가 조심스럽기도 하다. 말하기보다 글쓰기가 편한 이유도 이 때문이다. 말실수는 있어도 글 실수는 없으니까. 아이의 말 때문에 상처받은 적도 있고, 나의 말로 인해 아이를 아프게 한 적도 있다.

스스로 말주변이 없고 말 실력이 부족하다는 생각을 참 많이 했다. 세련된 말솜씨를 가진 사람, 유머 있는 화술을 가진 사람이 부럽기도 했다. 지금도 여전히 말하기는 어렵고 힘들다. 하지만 대화에는 자신이 생겼다.

대화는 말하기와는 다르다. 꼬마가 어려운 용어를 알고 똑 부러지게 말할 때, 말을 잘한다고 하지 대화를 잘한다고 하지 않는다. 언변이 좋은 사람을 달변가라고 하지 대화를 잘한다고 하지 않는다. 그렇다면 대화를 잘한다는 것은 어떤 의미일까?

대화를 잘하는 사람은 '소통'에 능숙하다. 대화 잘하는 교사는 말을 잘하는 교사가 아닌, 아이가 말을 잘할 수 있도록 돕는 사람이다.

나는 지금 아이들과의 소통이 즐겁다. 대화로 학생들에게 다가갈 수 있고 학생들의 마음을 꺼내는 방법을 알고 있다. 말로 아이를 위로하고 다독여줄 수 있다. "안 돼."라는 차갑고 단정적인 말 대신, "선생님도 해주고 싶은데, 안 되는 이유가 있어. 설명해줄게."라는 부드러운 말을 건넬 여유가 생겼다. 더 이상 말을 통제의 수단이나 가르침의 도구라 여기지 않는다. 나의 마음과 학생들의 마음이 대화로 연결될 수 있다는 걸 알고 있기 때문이다.

특별히 대화의 기술을 배운 건 아니다. 학생들과 함께 마주하고, 이야기한 일상 속에서 터득했다. 나의 대화 선생님은 아이들이었다.

자율교실의 1원칙, 원하는 바를 스스로 한다는 자율교실의 대화와 소통법이다. 동시에 나의 경험담이기도 하다.

교사에게 대화의 대상은 누구인가

"선생님, 칠판에 그림 그려도 돼요?"

6학년을 담임이었던 점심시간의 일이다. 질문한 아이는 내성적인 성향의 남학생으로, 밥 먹고 나면 축구하러 나가는 다른 남학생과는 다르게 조용히 책을 읽거나 혼자 그림을 그렸다. 나는 낙서해도 된다고 답하고 싶었지만 순간 망설여졌다. 된다고 하면 칠판이 온통 낙서판이 될까봐 걱정스러웠다. 아이에게 곧장 답을 해주지 못하고 내가 찾아간 곳은 연구실이다. 동학년 선생님들의 의견을 듣고 싶었다. 선생님들께 먼저 물었고, 그 다음 교실로 돌아와 아이에게 물었다.

"칠판에 그림 그리고 싶다고 했잖아. 선생님이 허락해주고 싶어. 그런데, 친구들이 다 여기에 낙서하고 안 지우면 어떻게 해? 좀 걱정이 되네."

"선생님 그럼, 잘 지우라고 하면 되죠."

답은 아주 간단했다. 잘 지우라고 당부하면 될 일이었다. 아이의 말이 맞았다.

그런데 나는 왜 이 생각을 못했을까? 이제 막 6학년인 아이도 떠올릴 수 있는, 당연한 생각을 난 왜 못했던 걸까? 그리고 아이에게 먼저 묻지 않고, 왜 동학년 선생님들께 먼저 갔던 걸까? 여러 가지 의문으로 마음이 복잡했다.

지금 생각해보면, 그 당시 나에게 대화의 대상은 아이들이 아닌 동료 선생님이었다. 아이들은 내게 교정의 대상이었고, 나는 아이들을 믿지 못했다.

대화의 틀 깨기

나는 그 학생의 말대로, 모두에게 안내했다.

"칠판에 그림 그리고 놀아도 돼요. 대신 점심시간 끝나기 전까지는 다 지워야 해요."

아이들이 낙서를 하고 안 지우면 어쩌나 걱정했지만, 우려 했던 일은 일어나지 않았다. 학생들은 점심시간이면 자유롭게 칠판에서 그림을 그리고 놀았고, 지우는 마무리까지 자율적으로 했다.

아이들을 교정의 대상이라 여길 때 교사의 할 일은 태산처럼 많다. 옳은 답을 찾아내서 가르치고 이끌어야 할 책임이 교사에게 있기 때문이다. 그러나 아이들을 대화의 대상으로 여기면 교사의 할 일은 그렇게 많지 않다. 학생을 믿어주고, 답을 꺼내도록 도우면 된다.

아이가 교정의 대상이라는 틀을 깨고 나서야 진짜 대화, 대화다운 대화를 할 수 있었다. 학생들을 대화의 대상으로 바라보고 나서야 말하기를 멈추고 듣기를 시작할 수 있었다. 학생들의 목소리에 귀 기울이는 경청 말이다.

	대화의 틀	대화의 울타리
아이들	교정의 대상	대화의 대상
답	교사가 가지고 있다	아이들 안에 있다
대화란	지시, 확인, 금지, 명령	말하기와 듣기의 균형

아이들을 대화의 대상으로 인정해주고, 지위를 높여주려고 노력해 왔다. 내면의 가능성을 믿어주고 대화의 상대로 인정해준 것이 내가 아이들을 사랑한 방식이다.

아이는 완벽하지 않다. 교정할 것이 없는 온전한 학생은 없다. 또 한 학생보다 교사가 더 많이 알고 있고, 더 현명한 판단을 내릴 수 있다. 그럼에도 불구하고 학생은 대화의 대상이 될 수 있다. 눈높이 를 학생들에게 맞춰준다면, 아이들을 믿어준다면 능력과 나이의 차 이를 뛰어넘은 대화가 언제든 가능하다.

자율교실에서는 어떻게 대화하고 소통할까

대화란 쌍방향 소통이다. 교사는 말하고 학생은 시종일관 듣는 것이 아니라, 듣고 말하기를 고르게 주고받을 수 있어야 한다. 소통을 위해서는 균형이 맞아야 한다.

친구 사이에서는 자연스럽게 대화의 균형이 맞춰진다. 먼저 말하라고 양보하지 않아도 서로 듣고 말하기를 주고받는다. 그런데 교사, 상사, 연장자와의 관계에서는 대화의 시소가 연장자 쪽으로 기울고 만다. 특히나 동갑이 아닌 이상 이름을 부르지 않고 호칭으로 대화하는 우리나라 문화에서는 더욱 소통의 균형을 맞추기 어렵다. 어른 앞에서 생각을 말하면 말대답 한다고 야단을 맞기도 하고, 예의 없는 행동이라는 지적을 듣기도 한다. 이렇다보니 학생들은 더욱 선생님 앞에서 말하기를 주저한다.

균형, 대화의 전제조건

어떻게 하면 대화의 균형을 맞출 수 있을까? 수평잡기의 원리를 떠올려 보자. 수평을 맞추기 위해서는 무거운 쪽이 받침대쪽으로 다가가야 한다. 또는 가벼운 쪽에 물체를 더 얹어서 무거운 쪽과 무게를 비슷하게 하면 균형이 맞춰진다. 대화도 이렇다. 무거운 쪽인 교사가 학생들 쪽으로 움직이고 다가갈 때 대화의 균형을 맞출 수 있다. 대화의 시소에 학생 두 명을 앉히는 것도 균형을 맞추는 방법이다. 혼자서 선생님과 마주 앉으면 쑥스러워하는 아이도, 친한 친구가 옆에 있으면 편하게 말을 한다. 학생을 대화의 시소 양쪽에 앉히고, 교사는 시소 밖으로 나와서 관찰을 할 수도 있다. "너희가 어떤 이야기를 나누는지 궁금해. 옆에서 들어도 돼?"라고 묻는 것이다.

듣기만으로도 대화할 수 있다

아이들과의 대화에서 아이의 말에 귀 기울여 준다면, 아이는 스스로 해답을 찾을 수 있다. 가르치고 교정하려고 하지 않아도 괜찮다. 그런데 잘 들어준다는 게 말처럼 쉽지는 않다. 연습이 필요하다.

듣기의 기술 4

첫째, 판단하지 않는 연습이다. 쓸데없는 이야기, 앞뒤가 안 맞는 이야기로 여기는 것은 모두 판단이다. 판단 앞에서 아이들은 입을 꾹 다문다. 물론 교사의 시선에서는 아이의 말이 부적절하게 느껴질 수 있다. 그러나 쓸데없어 보이는 말을 통해 웃을 수 있고, 앞뒤가 안 맞는 말에도 아이의 스토리가 있다. 판단하지 않을 때에야 비로소 경청할 수 있다.

둘째, 끝까지 듣는 연습이다. 아이가 말하고 있는 걸 듣고 있노라면, 도중에 끼어들고 싶을 때가 오기 마련이다. 사실과 다른 이야기, 사리에 맞지 않는 상식 밖의 이야기를 할 때면 "그렇게 말하면 안 되지.", "그게 무슨 소리야?"라고 반문하고 싶다. 그런데 말하고 싶다 하더라도 끝까지 들어주어야 한다. 끝까지 듣고 나면, 터무니없다 치부했던 이야기 안에 아이만의 속사정이 있음을 알 수 있다. 끝까지 듣고 나서야 비로소 '그럴 수 있겠다'라는 이해와 '내가 너라도 그랬을 거야'라는 공감이 가능해진다.

셋째, 주제 가운데로 데려오는 것이다. 아이가 하는 이야기는 주제에서 벗어나 삼천포로 빠지는 일이 잦다. 그때마다 본론 가운데로 데리고 와야 한다. 그렇지 않으면 대화는 목적지를 잃은 채 엉뚱한 주변만 맴돌다가 시간을 낭비하게 된다. 교사가 치고 빠지기를 할 수 있어야 한다. "샛길로 샜는데, 아까했던 얘기로 돌아가보자."라고 하며 주제 가운데로 데리고 오되, 이야기를 끌고 가지는 않는 완급 조절이 필요하다.

넷째, 궁금증을 갖는다. 무슨 말이든 해보라고 해서, 아이가 편하게 말하지 않는다. 아이에게 다가가고 아이의 이야기를 궁금해 한다면, 아이는 자연스럽게 입을 연다. 호기심은 질문을 만들고, 질문은 아이의 이야기를 꺼내는 열쇠가 된다. 아이들은 궁금증에서 나온 질문과 확인하고 추궁하려는 질문을 귀신같이 구분한다. 자신에게 궁금증을 갖는 사람에게 마음을 연다.

나는 아이들의 이야기를 듣는 것이 참 즐거웠다. 아이의 말을 듣고 있으면 시간가는 줄 몰랐다. 대단한 내용은 없었다. 그저 평범한 일상의 이야기였다. 나는 아이가 어떠한 말과 행동을 하는 이유가 궁금했고, 특정 성격이나 태도를 갖게 된 배경이 너무나도 궁금했다. 아이의 이야기를 통해 궁금증이 풀렸기 때문에 듣기가 재미있었다.

부모님은 무슨 일을 하시는지, 주말에는 뭘 하는지 등을 내가 먼저 물은 적은 많지 않다. 대부분 아이들이 내게 먼저 들려주었다. 친구에게 고백했는데 차인 이야기부터 무리 짓는 아이들 사이의 관계역학 피라미드까지, 학생들이 해주는 이야기는 모두 학급 운영의 자양분이 됐다. 특히나 사춘기에 접어든 고학년이라면 교사의 시선 안과 밖의 모습이 다르기에, 관찰만으로는 이해하는 데 한계가 있다. 내 이전 책 『초등 자존감 수업』도 아이들이 내게 들려준 이야기를 토대로 쓸 수 있었다. 아이들의 이야기를 들으면서 교사로서 성장할 수 있었다.

자율교실의 대화는 한마디로 하면 경청이다. 균형 있는 대화를 위해 교사의 말을 줄이고 아이들의 말을 듣자. 말 잘 듣는 아이를 바란다면, 먼저 말 잘 들어주는 어른이 되자.

듣기의 기술	
1. 판단하지 않기	2. 끝까지 듣기
3. 주제 가운데로 데려오기	4. 궁금증 갖기

침묵도 대화다

아이에게 선생님은 어렵기도 한 동시에 의지하고 싶은 한 사람이다. 친밀해야 하면서 편하지만은 않은 사이가 아이들과 교사의 관계다. 처음부터 아이가 선생님 앞에서 솔직한 이야기를 털어 놓지는 않는다. 익숙해지기까지, 편안해질 때까지 기다려주어야 한다.

우리는 기다림에 서툴다. 대부분 바빠서가 아닌 말이 없는 순간이 어색하고 불편해서다. 어색한 정적을 깨고자 교사가 먼저 입을 떼고 만다.

그러나 침묵도 대화다. 아이와 마주할 때 흐르는 침묵이 어색하다면, 무언가 말하는 대신 아이의 눈을 바라보자. 나는 아이들의 눈이 맑다는 것을 침묵의 시간동안 깨달았다. 1학년이든 6학년이든 남학생이든 여학생이든 예외가 없다. 아이들은 아이들만의 눈동자를 가지고 있다. 아이의 눈을 바라보고 웃어보자. 그럼 아이도 같이 웃을 것이다. 아이 한명 한명과 눈을 마주치는 시간은 그렇게 많지 않다. 침묵도 대화다. 깨지 않아도 괜찮다.

말하기, 어떻게 해야 할까?

대화에 있어 듣기와 말하기의 균형이 중요한 것처럼, 말하기에 있어서도 균형이 필요하다.

옳은 말 보다 좋은 말하기

"뛰지 마.", "다른 사람 생각도 해야지.", "다 널 위해서 하는 얘기야." 구구절절 옳은 말임을 학생들도 알지만, 훈계로는 마음이 움직이지 않는다. 옳은 말이 반복될 때, 아이에게 잔소리가 되고 만다.

조언도 그렇다. 도움을 주기 위한 말이라 하더라도 듣는 사람이 받아들일 준비가 되지 않았다면, 조언도 참견이 된다.

배가 고파야 밥도 잘 먹는 것처럼 배고프지 않은 아이에게는 좋은 음식도 맛없게 느껴질 수 있다. 잔소리도 조언도 그렇다. 듣기 좋은 말만 해주라는 것은 아니다. 교사가 '하고 싶은 말'과 학생이 '듣고 싶은 말' 사이에 균형이 필요하다는 것이다.

칭찬의 말, 격려의 말, 힘을 주는 말, 긍정적인 말을 얼마나 하고 있나? 학생에게 옳은 말을 해주는 사람이 많다. 하지만 긍정적인 말, 힘을 주는 말, 좋은 말을 해주는 사람은 생각만큼 많지 않다. 그래서 학생들은 좋은 말에 배가 고프다. 옳은 말로 설득하고자 한다면 우선, 긍정적인 말의 허기부터 채워주어야 한다.

듣고 생각하고 답하기

아이에게 말을 할 때는 즉흥적으로 하기보다 고민하고 생각을 정리해서 답을 하면 학생에게 보다 설득이 된다. 학생의 질문에 바로 답하는 것과, 생각하고 답하는 것의 차이를 사례를 통해 알아보자.

> "선생님, 옆 반 지금 생일파티 해요. 우리도 생파하면 안 돼요?"
> (듣고 곧장 답하기)
> "우리 반이 하는 거, 옆 반은 안할 때도 많아. 반별로 다 달라. 자꾸 옆 반이랑 비교하지 마."
> (듣고 생각하고 답하기)
> "그래? 선생님이 알아보고 내일까지 알려줄게."

방과 후 옆 반 선생님께 찾아가 생일파티에 대해 물었다. 한 달에 한 번, 창체 시간에 하고 선물은 학급비로 산다고 했다. 아이들끼리는 따로 선물을 주고받지 않고 대신 편지 써서 주고 같이 노래를 불러 주는데, 그 시간을 기다리고 너무 좋아한다고 했다. 학급 분위기를 위해서도, 학생들 인성 교육에도 좋지 싶었다.

문제는 시간이었다. 창의적 체험활동을 학급회의 위주로 짜다 보니, 매달 생일파티를 할 만한 시간이 확보되지 않았다. 생일파티는 축하해주는 의미는 있었지만, 학급 회의처럼 문제해결을 못하는 한계가 있었다. 문제 상황은 언제든 생길 수 있기 때문에, 해결의 자리는 꼭 필요했다. 나는 현행대로 학급회의를 유지하는 쪽으로 결정했고 학생에게는 대안으로 학기 말 과자파티를 제안했다.

"선생님이 알아봤는데, 생일파티를 매달 하는 건 어려워. 그런데 학기 말에 과자파티 하는 건 가능해. 어때?"

"우와~ 좋아요! 얘들아! 선생님이 학기말에 과자파티 한 대!"

꼭 제안대로 다 해주지 않아도 괜찮다. 자신의 의견에 귀기울여주는 것만으로 아이는 존중을 느낀다. 선생님이 자신의 제안을 무시하지 않고 고민할 때 학생의 자율성과 자존감이 높아진다.

아이를 존중하는 말

아이를 존중한다는 것은 어떤 의미일까? 뭘 해도 이해해주고 수용하는 게 존중은 아니다. 잘못이 있다면 바로잡아 주어야 한다. 존중은 아이의 '감정'을 수용하고, '생각'을 인정하는 것이다. 존중을 위해서는 먼저 감정, 생각, 행동에 대한 분별이 필요하다.

① 감정의 수용

존중의 핵심은 감정에 있다. 감정을 수용 받을 때 아이는 존중을 경험한다. 수용이란 전부를 받아들이는 것을 말한다. 이렇게 말해보자. "네 마음은 알겠어", "그런 마음이었구나"

② 생각의 인정

아이의 생각은 사리에 맞지 않을 수 있기에 전부를 수용할 수는 없다. 하지만 인정은 해 주어야 한다. 전부가 아닌 일부만이라도 받아들여줄 때 아이는 존중을 느낀다. '너는 틀렸어'라는 낙인을 찍지 않아야 한다. 한 마디면 된다. "네 생각은 알겠어"

③ 행동의 교정

아이들은 하지 말아야 할 행동과 해도 괜찮은 행동을 분별하지 못한다. 잘못된 행동을 교정해주고 옳은 방향을 안내해주어야 한다.

말하기의 기술
1. 옳은 말보다 좋은 말하기
2. 듣고 생각하고 답하기
3. 감정, 생각, 행동을 분별하기

친절하고 단호한 교사

친절함과 단호함은 말투가 아닌 대상에 있다. '감정'에 친절하고 '행동'에 단호한 것이다. 아이의 마음을 이해하려는 노력이 친절함이고, 마음대로 해줄 수 없음을 가르치는 것이 단호함이다.

왜 교사는 친절한 동시에 단호해야 할까? 만약 학생의 감정에 친절하지 않고 문제 행동을 교정하는 것에만 단호하다면, 아이는 스스로를 문제라고 여길 수 있다. 문제행동은 일부일 뿐이다. 형편없는 행동을 한다 하더라도 형편없는 아이가 되는 것은 아니다. "문제아"가 아니라 "문제행동"임을 구분해 주어야 한다. 감정을 수용하고 행동을 교정한다면, 아이는 자신의 문제와 존재를 구분할 수 있다.

	대상	예시
친절함	감정에 친절	마음을 이해해 주는 말
		"친구가 놀리니까 화가 났겠지. 그건 이해가 가."
단호함	행동에 단호	마음대로 해줄 수 없음을 설명하는 말
		"그래도 욕을 하는 건 안 돼."

자율교실의 1원칙 '원하는 바를 알아야 스스로 한다'는 한마디로 하면 학생의 마음을 아는 것이다. 학생들의 마음을 이해하기 위해 대화를 시도하는 것이다. 아이의 욕구와 감정에 관심을 기울이고 아이가 누구인지, 어떤 사람인지 궁금해하는 과정이고 노력이다.

자율교실의 대화는 어렵지 않다. 특별한 기술이 필요치도 않고, 빈틈없는 논리도 중요치 않다. 그저 학생의 감정과 생각을 귀하게 여겨주는 시선이면 충분하다. 놀고만 싶어 하는 마음일지라도, 옳고 그름에 대한 판단을 유보하는 자세면 된다. "놀고 싶어?", "밖에 못 나가니 답답하지?"라고 마음을 이해해주자. 감정을 있는 그대로 받아들여줄 때, 아이의 자율성이 깨어날 것이다.

아이의 마음을 여는 상황별
대화법

아이가 자신이 원하는 걸 말할 수 있으려면 기다려주어야 한다. 그런데 기다려도 말을 하지 않는다면 그때는 질문이 필요하다. 질문을 통해 아이는 흐릿했던 감정과 마주할 수 있다. 질문을 계기로 흩어져 있던 생각을 정리할 수 있다.

아이의 마음을 여는 질문

좋은 질문이란 무엇인지 한마디로 정의하기는 어렵다. 좋은 질문인지 아닌지는 질문의 의도나 내용이 아닌, 질문에 따른 반응으로 알 수 있기 때문이다. "몇 번을 말해야 알아들어?", "하지 말라고 했어, 안 했어?"와 같은 질문은 아이를 불편하게 한다. 불안함에 생각과 감정을 감추게 한다면 좋은 질문이라고 할 수 없다. 아이의 마음을 열리게 하는 것이 좋은 질문이다.

줄탁동시

좋은 질문이 무엇인지 선명하게 나타내는 사자성어로 '줄탁동시'를 꼽고 싶다. 병아리가 껍질을 깨고 나가려고 애를 쓸 때, 어미닭이 밖에서 톡톡 쪼아 알을 깰 수 있도록 돕는 것이다. 좋은 질문은 학생의 성장을 이끈다. 아이를 기다려주고 톡톡 건드려주되 억지로 깨지 않는, 아이의 속도에 맞는 질문이 필요하다.

수학 문제를 풀다가 모르는 문제를 교사에게 묻는 상황을 예로 들어보자. 교사가 학생에게 쭉 푸는 것을 보여주고, "이렇게 푸는 거야, 알겠어?"라고 묻는다면 이것은 정답을 알려주는 말이다. 좋은 질문은 "앞의 비슷한 문제는 풀었네, 어떻게 풀었는지 먼저 얘기해볼까?"처럼 가르쳐주기보다는 기다리고, 아이가 스스로 답을 찾을 수 있도록 안내하는 것이다.

교사가 학생의 내면의 목소리에 귀 기울여줄 때 학생은 스스로 답을 찾을 수 있다. 정답을 알려주고 그대로 하게 하면 당장의 해결은 빠르지만 그때뿐이다. 스스로 해답을 찾아가는 과정은 더디지만 그렇게 깨달은 것은 평생을 간다. 성급하게 정답을 알려주기보다는 힌트를 주고 해답을 찾도록 도와주어야 한다. 스스로 생각하며 답을 찾아가는데, 질문은 유용한 기술이다.

겉으로 드러나는 게 전부가 아니다. 자신도 알지 못한 채, 가려져 있는 마음과 만나도록 도와주는 질문을 하자. 묻지 않았는데 스스로 깨달을 수 있는 아이는 없고, 말을 하지 않았는데도 아이의 마음을 다 알 수 있는 교사도 없다.

"기분이 어때?"

아이들의 감추어진 마음을 꺼내기 위해 나는 "기분이 어때?"라는 질문을 자주 한다.

울면서도 스스로 왜 우는지 모르는 게 아이들이다. 아이 혼자 감정의 이유를 찾기란 쉽지 않다. 기분이 좋다, 나쁘다 정도를 가려낼 수 있는 정도가 아이들이 해낼 수 있는 선이다. "기분이 어때?"라는 질문을 통해 아이는 자신의 감정을 들여다볼 수 있다. 스스로에게 왜 그런지 묻고, 자신에게 말을 거는 대화를 시작한다.

만약 "기분이 어떤지 모르겠어요"라고 한다면

"기분이 어때?"

"모르겠어요."

기분을 물었을 때, 개미만한 소리로 "모르겠어요"라고 겨우 입을 떼는 아이도 있다.

저학년의 경우 고학년에 비해 기분을 밝히는 것을 더욱 어려워한다. 성별에 따른 차이도 있다. 흔히 여학생이 남학생에 비해 유창하다. 여학생 중에는 저학년임에도 "진짜 기분 나빴어요", "정말 속상해요"라는 정도 부사어까지 쓰며 능숙하게 감정표현을 하는 아이도 있다. 그런데 남학생 중에는 고학년 임에도 표현에 서툰 아이들이 꽤 많다. 만약 기분이 어떠냐는 질문에 아이가 답을 하지 못한다면, 도움이 필요하다. 관찰을 통해 아이의 마음을 비추어주자.

① 감정의 거울 비추어 주기

"화가 나 보이네. 뭔가 단단히 마음 상한 일이 있지 싶은데, 맞니?"

교사 입장에서 관찰한 모습을 말해주는 것이다. 스스로 자신의 기분을 찾지 못한다 해도, 교사가 관찰을 통해 비춰준 거울을 통해 자신의 기분을 들여다보는 것은 가능하다.

"왜 입이 나왔어?", "네가 불퉁거릴 일이 아니야"와 같이 판단은 금물이다. 관찰한 바를 알려는 주되 단정하지는 말자. 마음을 열리게 하는 건 날카로운 재판관이 아닌 애정 어린 관찰자의 시선이다.

만약 이렇게 해주었는데도 모르겠다고 하면 선택지를 준다.

② 선택지 주기

"기분이 좋은 거야? 안 좋은 거야?"

"화가 난 거야? 아님 서운한 거야? 둘 중에 어느 쪽이야?"

주관식보다 객관식 문제가 풀기 쉽다. 아이의 눈높이에 맞는 선택지를 만들어 주자.

아이의 마음을 들여다보는 방법
저학년, 남학생 : 관찰 중심 (교사가 찾아서 학생에게 알려준다)
고학년, 여학생 : 대화 중심 (교사가 질문하고 학생의 말을 들어준다)

우는 아이와의 대화

작은 일에도 툭하면 우는 아이들이 있다. 어리고 체구가 작은 아이들은 마음 속 울음주머니도 작다. 작으니 쉽게 넘치고, 사소한 일에도 눈물이 터진다.

"뚝 그쳐."

"그만 해."

"네가 울 일이 아니야!"

"뭘 잘했다고 울어?"

모두 감정 주머니를 막는 말이다. 감정 주머니의 입구를 막아 감정을 마비시키는 것이다. 타당한 눈물, 부당한 눈물이 따로 있을까? 타당성을 판단하며 아이의 감정을 마비시킨다면 당장의 눈물은 그칠 수 있겠지만, 다루어지지 않은 아이의 감정은 그대로 남아 있다.

그럼 어떻게 해야 할까? 아이가 크면서 키가 자라듯 감정주머니의 크기도 커진다. 눈물주머니도 분노 주머니도 용량이 커진다. 작은 일에 화부터 내고, 울음을 터뜨리는 일도 줄어든다. 그 때까지 감정을 마비시키기보다 감정의 이름을 알려주자.

감정의 이름 붙이기

"억울하니까 우는 거야."

"너무 화가 나면 눈물이 나기도 해."

"속상하면 말문이 막히고 눈물부터 나지."

감정의 이름을 알려주면 아이는 눈물을 속상함 주머니, 억울함 주머니 등에 옮겨 담을 수 있다. 눈물주머니가 나뉘면 웬만해서는 넘치지 않는다. '내가 지금 속상하구나', '내가 많이 슬프구나'라고 스스로 감정을 알아차릴 수 있다. 하나의 감정 주머니를 여러 개로 나눠담는 과정, 그것이 바로 감정을 다루는 과정이다.

부정적 정서 수용하기

아이의 기쁨, 즐거움과 같은 긍정적 정서는 받아들이기 쉽다. 하지만 슬픔, 분노와 같은 부정적 정서는 온전히 수용하기 어렵다. 그런데 부정적 정서를 수용 받지 못한 아이는 자신의 감정을 의심하게 된다.

'울어도 되나?'

'내가 화가 나도 되는 일일까?'

감정을 거부당하는 것이 아프다보니 감정에 확신을 갖지 못하는 것이다. 이런 일이 반복되면 나중에는 감정에 무감각해지고 자신을 믿기 어렵다. 자존감도 자율성도 자랄 수 없다.

기쁨을 누리는 것처럼, 슬픔도 골고루 맛보는 경험이 필요하다. 물론 눈물을 무기삼아 상황지배의 수단으로 이용해서는 안 된다. 그러나 슬픔을 마주할 기회와 애도의 시간은 꼭 필요하다. 교사가 감정에 이름을 붙여주고 슬픔을 인정해줄 때, 아이는 애도하며 자신의 슬픔을 떠나보낼 수 있기 때문이다.

Tip | 울음의 통제가 필요할 때

만약 아이의 울음이 학급 전체에 피해를 준다면, 기분이 어떠냐는 질문 보다 통제가 우선이다. 우는 것은 괜찮지만, 울음으로 인해 전체가 해야 할 과업이 진행이 되지 않음을 알려준다. 감정을 다룰 기회를 주고 눈물이 잦아들도록 기다려준다.

(상황) 체육시간, 피구공을 피하다 넘어진 아이가 울음을 터뜨린다. 이내 친구들이 몰려든다.
(우는 아이에게) "우는 건 괜찮은데, 네가 여기서 울면 피구경기가 진행이 안 돼. 그러니까 라인 밖, 벤치에서 울면 좋겠어. 다 울고 나서 괜찮아지면 언제든 다시 들어와도 좋아."

우리는 얼마나 감정에 솔직할까? 어른들은 상대방이 안전하다는 확신이 들지 않을 때 자신의 감정을 감추기도 하지만, 초등 아이들은 의도적으로 감정을 숨기는 일이 그렇게 많지는 않다. 아이들이 감정에 솔직하지 않은 이유는 대부분 몰라서다. 내가 어떤 감정을 느끼고 있는지 스스로 모르기 때문이다. 솔직함은 타고난 성향도 있지만, 후천적으로 키워지는 부분도 있다. 기분을 물어봐 주고, 감정에 이름을 붙여주는 대화가 감정표현에 솔직한 아이를 만든다.

거절당한 아이와의 대화

거절감은 누구에게나 다루기 힘든 감정이다. 거절당하고 기분이 좋은 사람은 없다. 그런데 거절감과 거절은 다르다. 거절에는 반드시 특정한 상황이 있다. 그런데 거절감은 일부 상황이 아닌 존재에 대한 것으로 느낀다. "싫어"라는 거절의 말을 "너라는 인간이 싫어"라는 존재의 거절로 확대하여 받아들인다. 일부 상황적 거절을 존재에 대한 거절로 증폭시키다보니 거절감은 상처가 되곤 한다.

거절과 거절감의 분별

사실 상황에 대한 '거절'과 존재에 대한 '거절감'을 분별하기란 어른에게도 쉽지 않다. 교사가 분별을 도와야 한다.

아이들에게는 '거절감'이 아닌 '거절의 상황'에 집중하도록 도와줘야 한다. 거절로 인해 마음이 상한 아이가 있다면, 마음을 다독이기에 앞서 상황부터 설명해주자.

> "아, 더러워."
>
> "선생님, 하늘이가 저한테 더럽대요."
>
> (상황 파악) "하늘아, 어떤 상황에서 더럽다는 말을 한 거야?"
>
> "얘가 자꾸 지우개 가루를 손으로 뭉쳤어요. 그래서 더럽다고 한 거예요."
>
> (상황 설명) "네가 지우개 가루를 손으로 뭉치는 게 더럽다는 거야. 네가 더럽다는 게 아니야."

남 탓하고, 거짓말 하는 아이와의 대화

남 탓하는 말과 거짓말은 초등학생에게 흔히 보이는 행동이다. 빤히 보이는 일, 금세 들통이 날 일에도 아이들은 자기가 안 그랬다고 둘러대고 거짓말을 한다. 사실 "제 탓이에요.", "제가 잘못했어요."라고 자신의 잘못을 인정할 수 있는 건 큰 용기다. 아이들은 자아가 약하고, 그래서 남 탓도 거짓말도 잦다. 자아가 커지면 안 그럴 거다. 심각하게 받아들이고 바로 고쳐주려고 하기 보다는 성장의 과정으로 받아들이자.

거짓말 하는 아이에게 정직해야 한다는 도덕적 관점에서의 접근은 잘 먹히지 않는다. 아이들은 자기중심적이며 도덕성도 자라는 중이기 때문이다. 아이 중심의 설명이 효과적이다.

"거짓말 안하는 사람이 어디 있어. 다 거짓말 하고 살지. 그런데,

거짓말로 속일 수 없는 사람이 있어. 바로 너 자신이야. 거짓말 하고 있다는 걸 너는 아니까. 선생님은 괜찮은데, 너를 위해서 거짓말을 줄여봐."

사소한 일에도 도움을 요청하는 아이와의 대화

"선생님, 짝꿍이 제 지우개 쓰고 안 돌려줘요."
"선생님, 저한테만 우유를 터진 거 줬어요."
"선생님, 앞에 친구가 가정통신문 저한테 안 줘요."
조그마한 난관에도 곧장 선생님에게 도움을 구하는 아이가 있다. 그때마다 교사가 개입하여 문제를 해결해준다면 학생은 스스로 배워나갈 기회를 잃어버리고 만다. 해결에 앞서 먼저 질문을 하자.
"선생님한테 알려줘서 고마워. 선생님이 어떻게 해줬으면 좋겠어?"
교사의 질문을 통해 아이는 자신에게 물을 것이다. 문제 상황을 떠올리고 해결방법을 생각해 볼 수 있다. 문제에 대한 주도권을 교사에게 넘기려 한다면, 다시 학생에게로 돌려주자. 아이 삶의 주인공은 아이 자신이 되어야 한다.

내면에 자기 자신을 이끄는 바를 모른다면 다른 사람과의 만족스러운 소통도 힘들다. 우선 나를 알아야 하고, 나와 친해야 한다. "기분이 어때?", "선생님이 어떻게 해줬으면 좋겠어?", "네 생각은 어때?"라는 질문을 통해 아이는 자신과 대화할 수 있다. 자신과의 소통을 돕는 질문이 자율적인 아이를 만든다.

아이 마음을 여는 대화
1. 우는 아이와의 대화 : 기분이 어때? & 감정에 이름 붙이기
2. 거절당한 아이와의 대화 : 거절의 상황 파악 & 거절의 상황 설명
3. 남 탓하고 거짓말하는 아이와의 대화 : 도덕적 관점보다 자기중심적 관점에서 일깨우기
4. 사소한 일에도 도움을 요청하는 아이와의 대화 : 선생님이 어떻게 해줬으면 좋겠어?

순응형 아이 vs 공격형 아이
대화법

"선생님, 공부하기 싫어요!", "왜 공부해야 돼요?"라고 말하는 아이에게, "싫어도 해야 돼!"라는 명령, "공부하기 싫다는 말이 입에 붙었구나."라는 판단, "안 돼! 어서 책 펴!"라는 금지로 일관했던 때가 있다. 공부하도록 이끄는 것이 교사로서 마땅히 해야 할 역할이자 책임으로 여겼다. 그 결과 아이들은 풀이 죽었고, 나는 나대로 마음이 상했다.

지금 생각해보면 그저 공부하기가 '싫다'는 말인데, 나는 공부를 안 하겠다는 '선언'으로 받아들였다. 놀고만 싶은 아이들의 욕구를 알아주면 되는데, 대화에 서툴렀던 나는 감추어진 욕구를 보지 못했다.

"선생님, 불 켜도 돼요? 선풍기 틀어도 돼요?" 혹은 "사인펜 써도 돼요? 칠판 지워도 돼요?"라고 허락을 구하는 아이들의 질문 속에도 욕구가 감추어져 있다. 사인펜으로 써도 되냐는 말 속에는 사인펜으로 하고 싶다는 마음이 있고, 선풍기 틀어도 되냐는 문장 가운데는 더워서 선풍기 틀면 좋겠다는 욕구가 있다.

허락을 받는 것처럼 보이지만, 본질은 욕구다. 아이와의 대화를 위해서는 겉으로 드러나는 행동과 태도 이면에 감추어진 욕구를 볼 수 있어야 한다.

욕구의 2가지 표현방식

욕구를 표현하는 데는 크게 2가지 방식이 있다. 상대의 기분을 살피는 순응형, 자신의 욕구 표현이 우선인 공격형이다.

누구나 2가지 표현방식을 골고루 쓴다. 다만 어느 한쪽이 더 우세하냐에 따른 구분이다. 다음 상황에서 A라는 반응을 보인다면 순응형, B와 같은 반응을 보이는 학생이라면 공격형이라고 할 수 있다.

[상황1]

교실 앞에서 역할극을 하고 있는데 소리가 작아 뒷자리까지 들리지 않는다.

A : (안 들린다 하더라도 말 안하고 조용히 견딤)

B : "야, 크게 말해! 하나도 안 들려!"

[상황2]

미세먼지로 인해 연거푸 교실 체육을 한다.

A : "(조심스럽게) 선생님, 언제 운동장에 나갈 수 있어요?"

B : "(어이없다는 듯) 아니, 왜 만날 체육을 교실에서 해요?"

A. 순응형

순응형 아이들은 자신의 욕구를 드러내기 전에, 상대방의 입장과 감정을 살핀다. 상대방의 부탁은 잘 들어주지만, 역으로 요구나 부탁하는 것을 어려워한다. 나보다 남을 먼저 배려하다보니 착하고 성격이 원만하다는 평가를 받는다. 웬만해서는 다투지 않고 주변에 적이 없다.

다른 사람에게 잘 맞춰주고 어른에게 고분고분하다보니 부모입장에서 키우기 쉽다. 그런데 정작 본인은 스스로의 욕구를 표현하지 못한 응어리가 속에 쌓여 있기도 한다.

B. 공격형

공격형 아이들은 좋고 싫음을 명확하게 드러낸다. 원하는 바를 요구하는 데 적극적이다. 호불호가 분명하고 뒤끝도 없다. 상대방의 기분이나 의도에 크게 관심을 두지 않다보니 내 말과 행동이 어떤 반응을 미칠지 예측을 못한다. 한마디로 눈치가 없다.

어른의 말에 "네"하지 않고 "왜요?"로 되물으니 버릇없이 보일 수 있고 예의 없다는 평가를 받기도 한다. 본인의 의사표현을 거침없이 하다 보니 주변에서도 호의적이지만은 않다. 비호감이 될 때도 있는

데, 눈치가 없다보니 친구들이 싫어하는 이유를 알지 못한다.

순응형	공격형
- 욕구를 직접 말하는 걸 어려워한다.	- 좋고 싫음을 분명히 표현한다.
- 상대방의 입장과 감정을 살핀다.	- 눈치가 없고 눈치도 안 본다.
- 착한, 고분고분한, 배려심 많은	- 자기 마음대로, 이기적인, 말 안 듣는
- 나보다 남을 먼저 배려한다.	- 자기 욕구가 먼저다.
- 속에 쌓여 응어리가 되기도 한다.	- 뒤끝이 없다.
- 친구들로부터 호감을 산다. 적이 없다.	- 친구들이 호의적이지 않다.

교실에서 순응형과 공격형 아이는 골고루 섞여 있는데, 비율로 보면 순응형이 더 많다. 타고난 것일 수도 있지만, 더불어 살아가는 가운데 학습된 부분도 있지 싶다. 단체 생활 가운데 순응형이 유리하기 때문이다. 순응형이 좋다, 공격형이 나쁘다고 할 수는 없지만 순응형이 공격형보다 좀 더 나은 평가를 받는 건 사실이다.

어떤 상황에서는 순응형이 좋은 방식일 수 있고, 또 다른 상황에서는 공격형이 현명한 태도일 때도 있다. 표현을 못하는 것도, 지나치게 자기표현만 앞세우는 것도 바람직하지 않다. 가장 좋은 건 상황에 맞게 적당한 방식으로 말하는 것이다.

순응형인 아이는 욕구를 말로 직접 말하는 연습, 공격형인 아이는 상대방과 주변을 살펴가며 말하는 연습이 필요하다. 다음의 두 문장으로 연습해볼 수 있다.

~하면 안돼요?	→	~하고 싶어요.
~해도 돼요?	→	~하면 좋겠어요.

나는 매년 학기 초에 위의 두 문장을 가르쳐준다. "색연필 써도 돼요?"라고 물어볼 때면 "색연필로 하고 싶어요."라고 욕구를 말하도록 문장을 바꾸는 연습을 한다. 허락과 동의를 구하는 대신 욕구를 말하게 한다. 욕구를 표현하는 데에도 연습이 필요하다.

공격형 아이와의 대화법

"아니, 왜 만날 체육을 교실에서 해요?"

불만 가득한 눈빛과 공격적인 말투에 교사로서도 마음이 상한다. 태도가 그게 뭐냐고 발끈하고, 왜 말을 그렇게 하냐고 따지고 싶다. 공격형 아이와의 대화는 쉽지 않다. 교사 본인이 순응형이라면 공격형 아이와의 대화가 더욱 어렵다.

겉으로 드러나는 아이의 말과 행동보다 욕구에 집중해야 한다. 이유를 묻고 있지만, 사실은 욕구가 감추어져있다. 체육을 교실에서 하는 이유가 궁금한 게 아니라, 체육을 밖에서 하고 싶다는 마음을 말한 것이다. 욕구의 표현에 서툰 공격형 아이와의 대화, 다음의 3단계로 해 보자.

① 마음 알기 : 네 마음은 알겠어.

"밖에서 체육을 하고 싶다는 거지? 네 마음은 알겠어."

② 대안 제시

"미세먼지 나쁨이라 운동장에서는 못해. 대신 강당에서 할 수 있는지 알아볼 수는 있어. 교실 보다 강당이 좋니?"

③ 태도 교정 : 이렇게 말 해주면 좋겠어.

"왜 만날 교실에서 하냐고 하니까 선생님 입장에서는 꼭 따지는 걸로 들려. 기분이 좋지는 않았어. 앞으로는 운동장에서 하면 좋겠다고 네 마음을 말해줘."

"따지지 좀 마."

내가 어렸을 때 자주 들었던 말이다. 나는 궁금한 게 많았다. "이건 왜 그래?", "저건 뭐야?"하는 질문이 많았다. 예의를 갖추지 않은 채 궁금하면 시도 때도 없이 질문을 해댔으니 따지지 말라고 혼이 날 법도 하다. 어렸을 적 나는 상황 조망 능력이 없는 눈치 없는 아이, 전형적인 공격형이었다.

질문에 대한 답 대신, "왜 말을 그렇게 하니?"라는 지적을 받곤 했다. 그렇게 말하지 말고 대신 이렇게 말하라고 적절한 방법과 대안을 가르쳐주는 사람은 없었다. 야단을 맞았지만 예의 바르게 질문하는 법을 배우지는 못했다. '왜 내가 궁금한 걸 물어보면 따지지 말라고 하지?', '왜 나한테 예의 없다고 하지?' 그저 질문을 자꾸 하면 예의가 없는 건가보다 라고 어렴풋이 짐작했다. 웬만하면 물어보지 말아야겠다고 생각했다. 미움을 사는 것보다 궁금함을 참는 게 나았다. 궁금한 게 있으면 혼자 해결했고 어떤 날은 궁금하면 안 된다는 생각도 했다. 그 결과 나는 덜 혼났고, 예의 없다는 평가도 안 받을 수 있었다.

교사가 되고 보니, 어렸을 적 내가 했던 똑같은 질문을 하는 아이들이 있었다. 그런데 나 역시 아이의 예의 없는 태도를 지적하느라 궁금증에 답을 해주지 못한 적이 많다. 따지는 게 아니라 세련된 표현방법을 모르는 것인데 그것의 분별에 서툴렀다.

미움받지 않기 위해 호기심을 박제시키는 건 슬프다. 혼나기만 하고 배우지 못하는 것은 비극이다. 공격형 아이는 말투 때문에 오해를 사고 갈등을 일으키기도 한다. 표현에 적극적인 것은 좋다. 문제는 표현 방식이다. 어떻게 해야 상대방의 마음이 상하지 않는지, 상황에 따른 적절한 방식을 가르쳐주어야 한다.

또한 욕구를 알아주라는 것이지 욕구대로 해주라는 것은 아니다. 아이의 모든 욕구를 다 충족시켜 줄 수는 없다. 불가능할뿐더러 교육적이지도 않다. 하고 싶은 대로 다 하고 살 수는 없고 욕구를 통제하는 방법 또한 배우고 익혀야 한다. 상황 설명을 하면 아이도 이해를 한다. 끝까지 자기 욕구를 관철시키지는 않는다.

순응형 아이와의 대화법

순응형 아이는 욕구를 말로 하는 것, 속내를 보이는 것을 어려워한다. 학교에서 문제를 일으키지 않고, 친구들과도 원만하게 지내지만, 아이의 마음 가운데는 해결되지 않은 감정과 욕구가 있을 수 있다. 순응형 아이에게는 마음을 알아주고 그걸 꺼내어보는 대화가 필요하다.

소망이는 평소 남을 잘 배려하고, 먼저 양보하는 아이다. 순응형 중에서도 순응성향이 강하다. 그런 소망이가 내게 상담요청을 했는데, 뜻밖에 2년 전의 이야기를 꺼냈다.

사연은 이랬다. 친구들과 축구를 했는데, 친구가 패스를 해준 골을 소망이가 실수로 못 넣었다는 것이다. 그리고 그 다음 판이 되니 친구들이 수비로 내려가라고 했다고 말했다. 남학생들 사이에서 흔하게 있는 일인지라, 어떤 점이 마음에 남아있는 건지를 물었다.

"저도 골을 넣고 싶었는데, 그게 실수잖아요. 실수한 건데, 수비로 내려가라고 하니까요."

"수비로 내려가는 게 싫었던 거야?"

"아니요. 그건 괜찮은데, 제가 실수했을 때 아무도 괜찮다는 말을 안 해줬어요. 그냥 수비로 내려가라고만 했어요."

"아무도 괜찮다고 하지 않으니까, 네 잘못이라고 하는 것 같았구나. 너라면 괜찮다는 말을 했을 텐데, 그치? 친구들은 그런 말을 아무도 안 해주니 더욱 서운했던 거야."

위로 받고 싶을 때 위로의 말을 해주는 사람이 없을 때도 상처를 받는다. 상처를 준 사람이 없더라도 상처를 받을 수는 있고, 순응형 아이들은 상처에 더욱 취약하다.

"괜찮다는 말은 네가 너에게 해줄 수 있어. 앞으로는 친구에게만이 아니라 너 자신에게도 괜찮다고 말을 해줘."

괜찮다는 말을 아무도 해주지 않는다면 그 말을 스스로에게 건넬 수 있어야 한다. 내가 간절히 듣고 싶은 말을 매번 남에게서 채울 수는 없다. 순응형 아이는 남에게 상처 안주는 법은 잘 알고 있다. 배워야 할 것은 상처로부터 자신을 지키는 방법이다.

① 선물도 안 받을 수 있다.

"네 생일에, 너에게 친구가 선물을 주는데, 그 선물이 너로서는 마음에 들지 않는다면 어떻게 할래? 마음에 들지 않을 뿐만 아니라 받고 싶지 않은 선물이라면, 어떻게 할 거야?"

이렇게 물으면 아이들의 답은 제각각이다. 좋은 의도로 주는 것이니 일단 받고 안 쓰겠다, 다른 필요한 사람에게 주겠다, 혹은 문방구에 가서 마음에 드는 것으로 바꾸겠다, 안 받겠다 등등 다양한 답이 나온다.

사실, 나를 위해 주는 선물도 내 마음에 들지 않으면 안 받을 수 있다. 상처는 어떨까? 당연히 안 받을 수 있다. 안 받아도 되고, 거절해도 되고, 내 마음에 드는 것으로 바꾸어 생각해도 된다는 것을 알려준다.

② 상처를 되 갚아주라는 것은 아니다.

키가 작은 아이에게 "넌 왜 이렇게 키가 작아? 꼭 유치원생 같아!"라는 말을 한다면 상처가 될 것이다. 이때 "그러는 넌? 너는 왜 그렇게 뚱뚱한데? 꼭 돼지 같아."라고 받아친다면 상처를 돌려주는 것이다. 복수나 보복은 이기는 것처럼 보이지만, 도리어 상처를 키우는 일이다. 또 다른 상처를 만들어내기 때문이다.

③ 마음의 방패로 막아낸다.

상처받았을 때, 되갚지 말고 그렇다고 참지도 말자. 대신 상처를 막아내자. '싫어', '반사', '응 아니~', '됐거든.', '너나 잘하셔'라는 말을 하면 된다. 이러한 말은 상대방의 이유 없는 공격과 무례함으로부터 나를 지키는 마음의 방패가 된다. 꼭 상대방에게 직접 말로 하지 않아도 된다. 나에게만 들리는 소리로, 혼잣말로, 속으로 말하는 것으로 충분하다.

키워야 할 것은 상처가 아니라 마음의 방패다. 언제든 상처를 막아낼 수 있도록, 마음의 방패가 되는 말을 가르쳐주자.

놀리는 아이, 놀림 당하는 아이에게 해줄 말

학교에서 친구를 놀리는 일은 매우 흔하다. 놀리는 아이가 있고, 놀림을 당해서 우는 아이들이 꼭 생긴다. 대개 친구를 자주 놀리는 아이는 공격형, 놀림 당하고 끙끙 앓는 아이는 순응형이다.

① 놀리는 아이

일회성이면 몰라도, 사람을 바꿔가면서 놀리는 것이 일상이 된다면 명확히 가르쳐줘야 한다.

"친구를 놀리는 것도 괴롭힘이야. 선생님은 네가 친구의 괴로움을 즐거움으로 여기지는 않았을 거라 믿어. 내가 재미있으면 친구도 재미있어 할 거라고 단순하게 생각한 거야. 그런데 그렇지 않아. 앞으로는 누구도 놀리지 마."

② 놀림 당하는 아이

순응형 아이는 놀림을 당하면서도 놀리지 말라는 말을 단호히 하지 못한다. 웃으면서 좋은 말로 "놀리지 마"라고 하니, 상대편 아이는 알아듣지 못한다. 싫다는 마음을 밝히는 법도 가르쳐주어야 한다.

"자, 거울에 비춰진 네 표정 보면서 하지 말라는 말을 해봐. 어때? 싫다는 것 같아? 웃으면서 싫다고 하니까, 전달이 안 되는 거야. 말만이 아니라 표정으로도 네 마음이 드러나게 연습을 해보자."

자세, 몸짓, 인상, 표정은 의사소통의 중요한 도구다. 특히 감정은 말만으로는 전달에 한계가 있다. 순응형 아이는 표정을 나타내는 것에도 눈치를 본다. 다채로운 표정을 갖는 것에도 연습이 필요하다.

칭찬이 답이다.
모두가 자라는 칭찬의 기술

　나는 칭찬에 참 인색한 교사였다. "훌륭해", "멋져", "최고다" 같은 말을 하려고만 하면 손발이 오글거리고 입술이 간지러웠다. 마음에 없는 말을 못했다. 아이들이 탁월한 결과물을 내거나, 무언가를 뛰어나게 잘하지 않는 이상은 칭찬을 해주기가 어려웠다.

　사실 교사의 마음을 움직일 만큼 뛰어난 결과물을 내는 아이들은 많지 않다. 탁월한 아이는 소수고 대다수의 아이들은 평범하다. 결과로 칭찬한다면 칭찬에 인색해진다. 습관으로 칭찬할 때, 칭찬을 많이 해줄 수 있다. 교사가 칭찬하는 습관을 가지고 있을 때 우수한 아이 혹은 그렇지 않은 아이 모두 결과를 떠나 칭찬받을 수 있다.

　칭찬은 근육이고 습관이다. 하면 할수록 는다. 내가 칭찬에 인색했던 것은 나에게 칭찬의 근육이 없었기 때문이다. 칭찬을 해주려고 하면 "넌 글씨 하나는 잘 쓴다."라는 식의 말실수가 되고 말았던 것도 습관 때문이다. 평소 안 쓰던 근육을 쓰면 몸살이 나듯, 안하던 말을 하려니 서툴렀다.

지금은 아이들에게 칭찬을 잘해주는 선생님이라는 이야기를 듣는다. 하루아침에 변화된 건 아니다. 칭찬할 줄 모르는 관성을 돌려 칭찬의 근육을 만들기까지는 시간이 걸렸다. 근육이 조금씩 생기면서 칭찬 실력도 늘었다. 어떻게 하면 칭찬 근육을 만들 수 있을까?

칭찬 잘하는 법 3가지

첫째, 연습하고 반복한다.
둘째, 모두를 한 배에 태운다.
셋째, 개별적 칭찬은 따로 한다.

① 연습과 반복

칭찬을 해주려고 마음을 먹어도, 막상 아이들 앞에 서면 그 말이 나오지를 않았다. 칭찬의 말이 익숙해지도록 여러 가지 방법으로 연습을 했다.

칭찬 문장을 글짓기 한 다음 입으로 되뇌이기도 했고, 아이들이 하교 하고 나면 거울 앞에서 연습하기도 했다. 그렇게 하고도 막상 아이들 앞에서는 글짓기한 문장이 생각이 나지 않아, 써 놓은 노트를 보고 국어책 읽듯이 읽기도 했다. 처음에는 어색하게 시작했지만 시간이 지나자 외워졌고 자연스러워졌다.

칭찬 근육이 생기기까지는 기계적인 연습이 필요하다. 칭찬이 습관이 되기까지, 연습하고 반복 하는 것 외에는 왕도가 없다.

② 모두를 한 배에

교사로서는 칭찬을 많이 해준다고 생각하지만, 학생들로서는 칭찬을 많이 못 받는다고 말한다. 왜 그럴까? 교사는 한 명인데 학생은 여럿이어서 그렇다. 그조차도 몇몇 학생에게 독점될 수 있기 때문이다. 예의 바르고 태도도 좋은데, 그림도 잘 그리고, 리코더도 잘 불고, 공부도 잘하는 아이가 꼭 있다. 그래서 칭찬의 불균형이 생긴다.

반 전체를 주어로 하는 것으로 칭찬의 불균형을 해소할 수 있다.

"스스로 하는 우리 반은 선생님의 자랑이고 자부심이에요."

집단을 한배에 태우는 칭찬을 반복해서 듣다보면, 아이들은 자신의 행동에 긍지를 갖는다. 우리 반은 뭐든 스스로 하는 자율적인 반이고, 스스로를 선생님의 자랑이고 자부심이라 여긴다. 행동에 긍지를 가질 때, 자율은 습관으로 자리 잡을 수 있다.

"모두가 힘을 합쳐 애써준 덕분에 대청소가 금세 끝났네요. 고생했어요. 훌륭해요."

"선생님, 구름이는 청소 안하고 놀았는데요."

모두를 한 배에 태우는 칭찬을 할 때 이런 말하는 아이가 있다. 악의가 있어서가 아니라 관찰력이 좋아서 그렇다. 인정은 해 주되, 한배에 태우는 의미를 설명하고 동의를 구해보자.

"그 말도 맞아. 그런데 구름이를 뺀 우리 반은 상상할 수가 없구나. 우리 반 다 같이 잘한 걸로 하고 구름이를 믿어주자. 그럼 다음번에 더 잘할 거야."

③ 개별적 칭찬은 따로

칭찬 받는 친구를 보며 아이들은 어떤 생각을 할까? '본받고 싶다.', '나도 잘해야겠다.'라며 모델링 하려는 의욕을 다질까? 아니면 '나는 잘하는 게 없나?', '나는 별로인가보다.'라며 비교에 의한 열등감을 느낄까? 특정 아이를 향한 칭찬은, 흔히 잘하려는 의욕보다 박탈감을 준다. 누군가를 추켜세우는 말은 누군가를 기죽이는 말이 될 수 있다.

하지만 개별적인 칭찬은 필요하다. 반 전체가 아닌 특정 학생의 잘한 몫이 분명히 있기 때문이다. 이때는 전체 앞이 아닌 따로 따로 말해주는 게 좋다. 모두가 함께 보내는 공부시간을 피해 쉬는 시간이나 점심시간, 기왕이면 가까이 눈을 마주치고 칭찬의 말을 건네자.

	개별 칭찬	한배 칭찬
대상	개인, 그룹	공동체 (우리 반)
방법	개별적, 따로 불러서	전체적, 모두를 앞에 두고
수혜	개인(한번 칭찬 × 1명)	전체(한번 칭찬 × 30명)
결과	가끔 칭찬 해주는 선생님	매일 칭찬 해주는 선생님

궁금증 해결 | 칭찬에 대한 오해 바로잡기

오해1 : 칭찬은 양보다는 질일까?
NO! 아이에 따라 다르다. 칭찬을 많이 받지 못한 아이라면 양이 먼저다. 칭찬에 배가 고픈 아이에게는 먼저 양부터 채워주어야 한다. 칭찬을 많이 받은 아이라면, 양보다는 질이다. 뭘 잘했는지 구체적인 칭찬, 근거 있는 칭찬이 필요하다.

오해2 : 칭찬은 말로 하는 것일까?
NO! 칭찬은 몸짓 언어로도 할 수 있다. "잘했어", "최고야" 라는 말만이 아니라 엄지 척, 하이파이브, 박수도 칭찬이 된다. 제스처, 표정과 같은 비언어적 요소를 통해서도 칭찬의 의미를 전할 수 있다. 긍정적 신호를 일상에서 습관화할 때 쉽게 더 많은 칭찬을 해줄 수 있다.

자율을 이끄는 칭찬 노하우 3가지

칭찬은 크게 세 가지다. 결과 칭찬, 과정 칭찬, 가능성 칭찬이다. 결과 칭찬은 아이가 100점을 맞았을 때, 출중한 재능과 능력을 갖췄을 때, 좋은 결과를 만들어 냈을 때 해줄 수 있다.

결과 칭찬이 결과물에 대한 것이라면, 과정 칭찬은 주로 태도에 관한 것이다. 당장 잘하지 못하더라도 성장하려고 하는 자세를 갖고 있는 학생에게 해줄 수 있는 피드백이다.

좋은 결과물도 없고, 태도도 바람직하지 않은 아이라면 어떨까? 칭찬할 거리를 찾기 힘든 아이라도 가능성을 귀하게 여겨줄 수 있다. 각 유형별 칭찬 노하우에 대해 알아본다.

첫째, 결과 칭찬은 설득력 있게 한다.
둘째, 과정 칭찬은 관찰을 통해 발견한다.
셋째, 가능성 칭찬은 믿음으로 한다.

① 결과 칭찬 : 근거를 찾아 설득력 있게

"참 잘했어요."라는 말은 참 막연하다. 자신이 뭘 잘했는지 알지 못한다면 칭찬도 와닿지 않는다. 그냥 하는 소리라 여기며 영혼 없는 말에 머물 수 있다.

평소 칭찬을 많이 받아온 아이라면, 더욱 칭찬의 근거를 알고 싶어

한다. 자신이 뭘 잘했는지 궁금한 것이다. 잘하는 이유를 납득하면 더 잘하려는 마음을 먹는다. 무조건 잘한다고 말하기 보다는 뭘 잘하는지 구체적이고 조리 있게 짚어주는 칭찬을 할 때, 아이의 자율성은 자란다. "답답했을 텐데 끝까지 짝에게 친절하게 알려주고 도와준 게 인상 깊었어. 훌륭하다."라고 말해주면 아이는 스스로 그 행동을 더 많이 해야겠다는 마음을 먹는다.

칭찬을 하기 전에 먼저 스스로를 설득해보자. 교사 자신을 설득할 수 있다면 아이에게도 설득력 있는 칭찬이 될 수 있다.

② 과정 칭찬 : 성장을 발견

글씨를 잘 쓰는데 그림도 잘 그리고, 운동도 잘하는 다재다능한 아이도 있지만, 성과가 좀처럼 눈에 띄지 않는 아이도 있다. 잘하는 게 없어서가 아니라 발견이 안 된 것이다. 아이는 매일 키가 자라듯 지혜도 자란다. 자라는 속도가 빠른 아이도 있고, 더딘 아이도 있으나 자라지 않는 아이는 없다.

아이의 성장을 발견하기 위해서는 교사의 관찰력이 필요하다. 어제보다 오늘 성장한 것은 확인이 어려울지 모르나, 한 달 전, 두 달 전보다 나아진 현재는 발견할 수 있다. "다른 애들은 이만큼 못해. 잘하네."라는 다른 친구와의 비교를 통한 발견은 바람직하지 않다. 비교의 대상은 다른 친구가 아닌, 아이 자신이 되어야 한다. 과거의 아이, 현재의 아이와의 비교를 통한 성장을 발견할 때 비로소 과정에 대한 칭찬이 가능하다.

"전보다 실수가 줄었네! 잘하고 있어"

"1학기 때는 3줄 쓰는 것도 힘들어했잖아. 이제는 5줄도 거뜬히 쓰네. 발전하고 있어."

결과로 칭찬을 하려고 한다면, 모두가 10줄을 쓰는 가운데 5줄 쓰는 아이는 칭찬받을 수 없다. 아이 혼자만을 놓고 과거와 현재를 비교할 때 비로소 자람을 발견할 수 있다.

③ 칭찬할 게 보이지 않을 때 : 믿음

결과도 과정 속에서도 칭찬할 게 도무지 보이지 않는다면, 씨앗을 떠올리자. 씨앗이 싹트기 전까지는 아무것도 보이지 않는다. 다람쥐 쳇바퀴 돌 듯 같은 잘못을 반복하고, 문제를 일으키는 아이가 있다면 싹트지 않은 면이 있음을 믿어주고 현재의 모습으로 미래를 규정하지 말자.

"지금 보이는 모습이 전부가 아니야. 점점 잘할 거라고 믿어."

성과가 없을 때, 잘하지 못했을 때 아이는 기가 죽는다. 누가 뭐라고 하지 않아도 잘하는 친구와 자신을 비교하고 스스로를 초라하게 여긴다. 그 때 아이를 일으켜 세우는 건, 교사의 긍정적인 말 한마디다. 지금 보이는 것은 전부가 아닌 일부라고, 자라는 과정이라고, 넌할 수 있다고 말해주는 교사의 믿음을 통해 아이들은 자란다.

칭찬의 하수는 결과를 보고 칭찬의 중수는 과정을 보고 칭찬의 고수는 가능성을 본다. 훌륭한 결과물을 만들어 냈을 때 칭찬은 아무나 할 수 있다. 교사의 전문성은 결과 칭찬에 있지 않다. 그것은 선생님이 아니라도 해줄 수 있는 말이기 때문이다. 과정 칭찬은 세심하게 관찰하는 사람만이 해줄 수 있고 가능성 칭찬은 보이지 않는 가능성을 믿어주는 사람만이 해줄 수 있다.

자율을 이끄는 칭찬 노하우

1. **우수한 아이라면 : 결과 칭찬, 근거를 찾는다.**
   "답답했을 텐데 끝까지 짝에게 친절하게 알려주고 도와준 게 인상 깊었어. 훌륭하다."

2. **평범한 아이라면 : 과정 칭찬, 관찰을 통해 발견한다.**
   "1학기 때는 3줄 쓰는 것도 어려워했잖아. 이제는 5줄도 거뜬히 쓰네. 발전하고 있어."

3. **칭찬할 게 안 보인다면 : 가능성 칭찬, 믿음으로 한다.**
   "지금 보이는 모습이 전부가 아니야. 점점 잘할 거라고 믿어."

의사소통·레벨업 꿀Tip

명확하고, 긍정적으로

명확하게 말한다.

"무슨 말인지 모르겠어요."

교사가 한 말과, 아이가 이해한 바가 달라 당황스러울 때가 종종 있다. 맥락을 이해하는 능력이 탁월한 아이가 있고, 그렇지 않은 아이도 있다. 교사의 설명이 필요하다. 모호한 단어 대신 명확한 단어로 설명하는 것으로, 의사소통에서 생기는 오해를 줄일 수 있다.

① 「조금 이따, 나중에」 라는 말 대신 → 숫자, 날짜

먼저 조금 이따, 나중에 라는 말은 모호하다. 교사에게는 조금이 5분인데, 아이에게는 10분일 수도, 30분일 수도 있기 때문이다. 5분 뒤, 10분 뒤, 방학식 전날 등과 같은 구체적인 숫자와 날짜로 말하면 명확하다. 날짜와 시간으로 알려주면 아이들은 그때를 스스로 예측할 수 있고 더 이상 교사에게 시간을 묻지 않는다.

② 「빨리 해, 얼른 해」라는 말 대신 → 마감 기한을 정한다

학교는 단체 생활을 해야 하는 곳이다. 정해진 시간 안에 특정 과제를 완수해야 다음 과제로 넘어갈 수 있다 보니 개별적 아이의 속도에 맞춰주는데 한계가 있다. 느긋한 아이는 시간에 쫓기고, 교사는 챙기기 바쁘다.

속도가 더딘 아이가 있다면 "빨리 해!", "얼른 해!"라고 재촉하기보다, 약속을 통해 한계점을 잡는 것이 바람직하다. "20분 내로 하는 거야!", "1시까지는 마쳐야 해!", "점심시간 끝나기 전까지 내자."라고 안내한다. 기한을 정해주면 아이는 그 안에서 자율성과 자발성을 발휘할 수 있다.

기한을 정하고 기다려줘도 끝까지 하지 않는 학생들도 있다. 계획성과 시간 관리 능력이 미숙해서 그렇다. 이런 학생이라면 약속된 시간을 반복적으로 확인시켜 주자.

"10분 남았는데 얼마만큼 했나 보자!"

"5분 남았어. 속도를 내야 할 것 같네!"

"1분 전이니까 이제 마무리해야 해!"

약속된 기한이 도래하기 전에 여러 번 상기시켜 주는 것이다. 기한 내에 끝마치는 성공의 경험을 한 번이라도 해 봐야 한다. 시간을 통제하고 관리하는 힘이 스스로에게 있음을 깨달을 수 있도록 도와주자.

③ 「늘, 항상, 언제나, 매번」이라는 말 대신

늘, 항상, 언제나, 매번, 만날이라는 말은 예외를 인정하지 않는다. 단 한 번의 예외라도 있다면 아이에게 설득이 되지 않는다. "왜 매번 그러니?"라는 교사의 말에, "매번 그런 거 아닌데요"라는 답이 돌아오고 만다. 억울함에 되묻는 것이다.

늘, 항상, 매번이라는 말 대신, "이번이 처음은 아니야", "안 그런 적도 있지만 자주 이래"라고 한다면 아이도 수긍한다.

④ 「최선을 다해」라는 말 대신→ 환경을 조성한다

최선을 다하는 것의 기준은 사람에 따라 다르다. 아이 기준의 최선이 교사 기준에 미치지 못할 수 있다. 최선을 다하라는 교사의 말은 동기를 북돋기보다, 본인의 프레임대로 이끌려는 지시가 될 수 있는 것이다.

사실 최선을 다한다는 것은 경험을 통해 터득하는 삶의 자세다. 최선을 다하라는 "말"대신, 하나라도 끝까지 할 수 있는 "환경"을 만들어 주자. 끈기를 갖고 완수하는 경험 속에서 아이는 최선을 다하는 의미와 자세를 익힐 수 있다.

긍정적으로 말한다.

"너 자꾸 이러면 친구들이 다 싫어해."

"나중에 수포자 안 되려면 지금 열심히 해."

조언으로 보이지만 부정적으로 겁을 주는 말이다. 유아에게 하는 "경찰 아저씨 이놈이야!"라는 말과 같은 맥락이다. 두려움을 주입한 가르침은 당장의 효과는 있을지 모르지만 오래가지는 않는다.

스스로 의지를 갖고 나은 행동을 선택할 때야 변화를 기대할 수 있다. 변하고자 하는 의지와 의욕을 만드는 것은 긍정적인 말이다.

"너 자꾸 이러면 친구들이 다 싫어해."
→ "너한테 뭐라고 하는 사람 아무도 없어. 네가 너를 미워하지는 마."

"나중에 수포자 안 되려면 지금 열심히 해."
→ "서둘지 않아도 괜찮아. 다 과정이야. 어려운 문제도 하다보면 쉬워져."

상담은 양보다 질이다

자발적 상담 노하우

학생 상담방식은 다양하다. 번호대로 돌아가는 순번제 상담, 점심
시간을 이용해서 밥을 같이 먹으며 하는 밥 짝꿍, 정해진 루틴 없이
문제가 생길 때마다 하는 방법도 있다.

번호대로 돌아가는 상담은 한 명씩 독대하며 이야기를 나눌 수 있
어서 좋지만 마음을 여는 아이와 닫힌 아이 간의 편차가 크다. 싫은
데도 순서가 돌아오니 억지로 하는 상담이 될 때도 있다.

점심시간에 옆자리에서 밥을 먹으며 하는 밥짝꿍도 깊이 있는 상
담에는 한계가 있다. 빨리 밥을 먹고 친구들과 놀고 싶어 하는 아이
들이 많기 때문이다.

학생이 원할 때, 상담을 하는 자발적 상담이 분위기도 효과도 좋
다. 아이가 상담을 받겠다고 제 발로 오지 않으니 유인책이 필요하
다. 중학년은 사탕, 코코아 같은 간식으로도 가능하다. 고학년의 경

우 심리검사 결과 해석이 효과적이다. MBTI, 에니어그램등 심리검사의 종류가 다양한데, 소셜아톰도 유용하다.

소셜아톰은 정신분석학자 제이콥 모레노가 고안한 상담 기법이다. 대인관계 친밀도를 도형의 크기와 도형간의 거리를 통해 직관적으로 알 수 있다. 검사에 걸리는 시간이 짧고, 해석도 쉽다. 그리기 능력이 필요치 않아 저학년부터 고학년까지 폭넓게 실시해 볼 만하다.

Tip | 초간편 심리검사 『소셜 아톰(social atom)』

① 준비물 : a4용지, 연필

② 방법

- 종이에 동그라미를 그리고, 그 안에 '나'라고 쓴다.

- 나와 친밀하다고 생각하는 사람을 동성은 동그라미, 이성은 세모로 그린다.

③ 해석

- 크기 : 도형의 크기는 그 사람이 미치는 영향력의 크기다.

- 거리 : 도형 사이의 거리는 그 사람과 나와의 심리적 거리를 말한다. 가깝게 그릴수록 심리적 거리가 가깝다고 할 수 있다. 내가 의지할 수 있는 사람은 나보다 위쪽에, 내가 돌봐야 할 대상은 나의 아래쪽에 그리는 경향이 있다.

연구실 상담 노하우

학급 내에 이런저런 문제가 돌발적으로 생길 때가 있고, 이때는 자율이 아닌 타율에 의한 상담을 할 수밖에 없다.

"연구실로 와!"

연구실로 부르고 사건의 경위서를 받는 상담의 경우 자발적 상담만큼 분위기가 좋지는 않다. 교사는 훈계를 하고 학생은 고개를 숙인 채 나누는 이야기는 상담이라기보다 교화에 가까워진다.

연구실로 가기 전에, 간략히 메모를 하고 시간예상을 해보는 것만으로 상담의 효과를 높일 수 있다. 경위서도 진술서도 길기에 정리하지 않고 가면 상담이 두서없이 늘어진다. 같은 말을 여러 번 하게 된다면, 말하는 교사도 힘들지만, 듣는 아이로서도 지친다. 무슨 말을 물어야 하고, 어떤 말을 해줘야 하는지 간단히 정리해 가면 시간을 줄일 수 있다.

"선생님이 너에게 물어볼 게 크게 세 가지야. 명확하게 답을 해준다면 10분 이내로 끝낼 수 있어."

걸리는 시간을 예상하여 학생의 협조를 구할 수도 있다. 길게 말한다고 해서 아이가 잘 알아듣는 건 아니다. 긴 상담이라고 꼭 성공적이고, 짧은 상담이라고 성과가 없이 끝나는 건 아니다. 양보다는 질이다.

모두가 행복한 빼빼로데이

　내일은 빼빼로데이다. 쉬는 시간에 아이들끼리 모여서 비밀 이
야기를 하는 것 같은데, 점점 많은 아이들이 뭉치기에 내가 끼어들
었다.

　"무슨 일이야? 선생님한테도 알려줘."

　"아, 내일이 빼빼로데이라서요, 누구한테 줄 건지 이야기 했어요."

　내가 빼빼로데이가 없어지길 바라는 큰 이유 중 하나는 누구는
많이 받고 누구는 못 받고, 그래서 어떤 아이는 자랑하고 어떤 아
이는 소외감을 느끼게 되기 때문이다. 나는 차별적인 선물은 폭력

이라고 본다. 고민하다 하교 전에 아이들에게 말했다.

"내일 빼빼로를 친구들에게 줄 생각이라면, 모두에게 주길 바란다. 차별적인 선물은 특정한 사람을 기쁘게 해줄지는 모르겠지만 받지 못한 사람에겐 폭력이 될 수 있어. 모두에게 사주기에는 돈이 아깝다면, 아예 안했으면 해."

아이들은 내 이야길 귀 기울여 들었다. 하지만 이내 6학년스러운 대답을 내 놓았다.

"그럼 쌤 없는데서 몰래 주는 건 되는 거죠?"

"하굣길에 주면 되겠네요."

그리고 나는 여기까지 이야기했으니 알아들었을 것이라 믿는다며 마무리를 지었다.

우리 반은 총 31명이다. 나까지 32명. 32개의 빼빼로를 사는 데는 돈도 많이 들고, 실제로 아이들이 사올 거라는 생각을 한 건 아니다. 다 사오지 않을 거라는 기대를 갖고 한 말이다. 뒤에서 안보이게 주는 건 눈감아줘도 특정 아이에게는 특별함을 누구에게는 소외감을 가져다주는 차별적인 선물을 주고받는 건 막아주고 싶다.

그런데 세상에, 아침에 출근해보니 아이들은 정말 빼빼를 32개를 준비해 와서 책상에 올려놓고 있었다. 이미 책상에는 빼빼로 몇 개가 놓여있었고 몇몇 아이들은 돌아다니며 친구들의 책상 위에 빼빼로를 올려놓는 걸 보는데 나도 모르게 눈물이 주르륵 흘렀다.

"저만 사올 줄 알았는데 사온 애들 많아요!"

"빼빼로 사느라 용돈 3만원 넘게 썼어요. 근데 너무 좋아요."

"선생님, 우리가 진짜 사올 줄 몰랐죠? 그래서 더 감동한 거죠?"

"너희 마음이 너무 예쁘다. 고맙네. 큰돈 써서 어떻게 해. 선생님이 두고두고 갚을게. 졸업하면 찾아와~"

아이들은 모두에게 따뜻한 선물을 자율적으로, 대가없이 주었다. 모두가 행복한 빼빼로데이를 만든 건 내가 아니라 아이들이었다.

대화의 열매는 학생 한 사람 한 사람의 자율성만이 아니다. 자율과 함께 아이들 내면의 창의성과 선함이 함께 깨어나고 자란다. 학생들은 자기만을 위하는 것에 머물지 않는다. 모두를 위한 일을 생각하며 더불어 행복한 교실을 만들어간다. 모두가 행복한 매일이야 말로 자율교실의 진짜 열매다.

말하기에 서툰 교사, 진심을 읽어준 아이

    교내 행사인 단소 합주를 앞두고 연습이 음악시간만으로 부족하
다. 요즘은 쉬는 시간까지 연습에 매진하고 있다. 그러다보니 수업
이 시작되었는데도 손에 단소를 들고 있는 아이들이 꽤 많다. 이미
종이 쳤는데도 여전히 단소를 부니 방해가 됐다.

    "단소는 이제 그만이야. 쉬는 시간에 하는 거야."라고 했건만 단
소 소리는 여기저기서 들려왔다. 두 번, 세 번 말해도 안 되니 네
번째에는 화난 말을 쏟아냈다. 그게, 내 책상 가장 가까이에 앉아
있어 내 눈에 띈 희망이었다.

"대체 몇 번째니? 선생님이 앞에서 이야길 하는데 계속 단소 소리 내야 돼? 화내야 알아듣니?"

순간 아이의 눈빛이 마구 흔들렸다. 내가 단소를 그만하라 했지만 인지가 늦었던 거다. 그만하라는 걸 알아들은 시점이 세 번, 네 번 말했을 때고, 그때 내가 화를 내니 아이로서는 놀랄 수밖에. 아이는 금세 단소를 집어넣고 바른 자세로 앉았지만 아이의 흔들린 눈빛이 수업 내내 떠올랐다. 마침 6교시 수업이었던지라, "희망아, 수업 마치고 선생님 잠깐 보고가~"라고 말했다.

"선생님이 미안해. 아까 선생님이 화내서 깜짝 놀랐지? 미안해."

희망이는 눈물을 글썽였다.

"어, 어… 근데 선생님. 그거, 어떻게 아셨어요?"

"너는 아무 말 하지 않았지만 눈을 보면 알 수 있어. 그 사람 마음이 뭔지."

희망이의 눈에 눈물이 뚝뚝 떨어졌다. 그걸 보는데 나도 눈물이 났다. 같이 울었다.

"희망아, 쌤 울었다는 거, 다른 애들한테는 말하면 안 된다. 창피해. 울보 같잖아."

"선생님, 저 절대 말 안 해요. 저도 눈 보면 알아요. 그 사람 진심이 뭔지."

눈을 마주하는 것만으로 마음을 들여다 볼 수 있다. 마음과 마음의 연결, 대화란 이런 게 아닐까.

　말주변 없는 사람이 아이들과 대화를 시작하면서 시행착오가 많았다. 기다려주고 들어주지 못하고 아이를 채근하기도 했다. 하지만 아이들은 선생님의 서툰 말이 아닌 진심을 읽어주었다.

　자율교실을 만들기 위해 가장 중요한 것, 가장 필요한 게 무엇이냐고 묻는다면 나는 망설임 없이 대화라고 답할 것이다. 대화는 습관이다. 습관을 바꾸는 건 어렵다. 그러나 한번 습관이 잡히면 그 뒤로는 쉬워진다. 기던 아이가 걷기 위해서는 수없이 넘어지고 일어서는 시행착오를 겪지만, 한번 걷기를 터득하면 그 다음부터는 특별한 노력 없이도 걸을 수 있는 것과 같다. 대화도 한번 습관으로 자리가 잡히면 그 다음부터는 쉽다. 들어주는 연습, 기다려주는 연습을 해보자. 아이와 눈을 맞추고 아이의 말에 귀 기울이는 것만으로도 대화의 절반은 성공이다.

Part. 3
자율교실의 체계

의무로 가득 찬 교실, 억지로 하는 일과 가운데 자율을 키울 수는 없습니다.
교실 루틴은 의무가 아닙니다.
매일 반복하는 일상 가운데 경험하는 작은 성공, 그것이 루틴이 필요한 이유입니다.
루틴이란, 아이들이 작은 성공을 경험할 수 있는 규칙적 일상을 만드는 것이며,
좋은 습관을 만드는 열쇠입니다.

예측할 수 있어야
스스로 한다.

습관을 만드는 열쇠, 루틴

만약 일상 속에서 아이들이 원하는 것을 다 허용해준다면 어떨까? 아이들은 밥 대신 좋아하는 패스트푸드, 인스턴트 음식을 먹으려고 할 것이다. 밤새도록 게임만 하겠다고 할 수도 있다. 미래에 도움이 되는 건강한 습관보다 눈앞의 만족이 우선인게 아이들 마음이다.

자율교실의 1원칙이 '원하는 바를 알아야 스스로 한다'이지만, 원하는 것을 다 들어준다면 그것은 방임이나 다름없다. 좋은 습관을 위해서는 분별력을 가진 성인보호자의 통제와 관리가 반드시 필요하다. 습관 형성을 위한 환경조성은 매우 중요하다. 좋은 식습관 형성을 위해서는 관리된 식단에 따라 밥상을 차려주어야 한다. 잘 생각이 없다고 해도 불을 끄고 잘 환경을 만들어주어야 한다.

기본 생활 습관 형성은 초등학교 교육의 중요한 목표다. 집에서만이 아니라 학교에서도 좋은 생활환경을 만들어주어야 한다. 매일 일정하게 유지하고 반복해 나가는 루틴이 교실에도 필요하다.

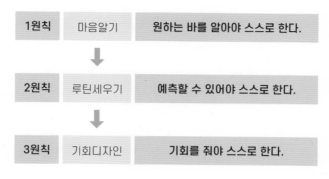

1원칙	마음알기	원하는 바를 알아야 스스로 한다.
2원칙	루틴세우기	예측할 수 있어야 스스로 한다.
3원칙	기회디자인	기회를 줘야 스스로 한다.

<자율교실의 3원칙>

루틴이 필요한 3가지 이유

자율교실의 루틴이 필요한데는 크게 3가지 이유가 있다.

첫째, 루틴을 통해 자신이 해야 할 일을 예측하고 자율성을 발휘할 수 있다.

둘째, 루틴을 통해 아이들은 매일의 작은 성공을 경험할 수 있다.

셋째, 루틴은 습관을 만드는 열쇠다.

① 예측을 통한 자율

아이들에게 1교시는 수학, 2교시는 영어임을 말하지 않아도 어느새 수학책을 꺼내 놓고, 어학실에 갈 채비를 한다. 반복을 통해 시간표를 예측할 수 있기 때문이다. 만약 시간표가 매일, 매주, 매번 바뀐다면 어떨까? "선생님, 다음 시간 뭐에요?"라고 물을 것이다. 교사는 영어 시간 전에는 줄부터 세워야 하고, 준비가 늦은 아이를 채근해야 한다. 루틴이 없는 교실에서는 소소한 것까지 모두 교사의 지시 하에 움직인다. 예측 불가능한 상황에서 아이들은 교사에게 의존한다. 따라서 자율성을 키우기 위해서는 학생들이 예측할 수 있는 체계, 루틴이 필수적이다.

특정 루틴에 익숙해지면 학생들은 루틴대로 움직인다. 영어시간이면 이동 루틴에 따라 줄을 서고, 자리 바꾸는 날(매월 마지막 주 금요일 5교시)이면 루틴대로 알아서 서랍을 비우고 가방을 챙긴다. 정교하게 설계된 루틴을 반복을 통해 익히면 아이들은 시키지 않아도 스스로 움직인다.

② 작은 성공의 경험

루틴을 통해 학생들은 매일 작은 성공 경험을 할 수 있다. 루틴은 학생을 칭찬할 수 있는 소재가 된다. 쉬는 시간 루틴에 따라, 아이들이 수업 준비를 해 둔다면, "말 안 해도 알아서 책부터 펼쳐 놨네. 먼저 놀고 싶어도 할 일을 우선했어. 훌륭해."라고 칭찬할 수 있다. 성공의 경험과 칭찬받은 경험은 쌓여서 아이들에게 나도 할 수 있다는 자신감과 자존감을 만든다.

아이들이 잘할 때, 좋은 결과를 냈을 때 칭찬하려고 하면 칭찬을 받을 수 있는 아이는 그렇게 많지 않다. 그러나 매일 사소한 루틴에서 칭찬의 근거를 찾는다면 많은 아이들에게 칭찬을 해줄 수 있다. 작은 성공의 경험을 만들고 칭찬해주는 것이 바로 루틴이 필요한 이유다.

③ 습관을 만드는 열쇠

『습관의 힘』의 저자 찰스 두히그에 의하면 습관이 만들어지는 과정은 신호→루틴→보상의 3단계 고리로 이루어진다고 했다. 신호는 어떤 루틴을 실행하도록 명령하는 자극, 일종의 방아쇠다. 보상은 루틴을 계속할만한 가치가 있는지에 대한 뇌의 판단이다. 신호→루틴→보상이 반복되면 그 과정은 기계적으로 변하고 이것이 곧 습관으로 굳어진다.

루틴이 습관이 되면 그 때부터는 특정한 신호를 주지 않고, 보상이 없다 하더라도 반복하게 된다. 습관이 되기까지 신호와 보상의 연결을 만들어야 한다.

루틴의 필요성 3		
1. 예측을 통한 자율	2. 작은 성공의 경험	3. 습관을 만드는 열쇠

만약 교실 속 루틴이 없다면 교실은 매일 변화로 가득할 것이다. 일회적인 일상은 적응의 연속이다. 적응 가운데 자율성을 발휘하기란 어렵다. 적응만으로 이미 지치고 피로하기 때문이다.

그러나 루틴이 있는 교실은 다르다. 아이들에게나 교사에게나 교실의 모든 상황이 익숙하고, 일상에 규칙이 있다. 여러 번 반복해 왔기 때문에 아이들은 상황에 따라 해야 할 일을 예측할 수 있다. 아이들은 지시가 아닌 상황에 따른 습관대로 움직인다. 학생들은 자율적이고 교사는 여유가 있다. 이처럼 루틴은 안정적 교실을 만드는 토대가 된다.

습관 교실 (루틴이 있는 교실)	습관이 없는 교실 (루틴이 없는 교실)
반복을 통해 익숙한 일상 스스로 하는 아이들, 여유로운 교사 자율교실, 안정적 교실	일회적이고 변화하는 일상 시켜야 하는 아이들, 바쁜 교사 타율교실, 불안정한 교실

시정표 루틴

학교의 대표 루틴이라고 할 수 있는 시정표를 예시로 신호→루틴→보상의 연결고리를 통한 습관 형성을 알아본다.

신호

차임벨은 수업시간과 쉬는 시간이라는 교실의 시간 루틴을 알려주는 신호체계다. 차임벨이 주는 신호음에 따라서 아이들은 수업시간과 쉬는 시간, 점심시간, 하교시간을 예상할 수 있다. 차임벨 소리를 통해 매번 시계를 들여다보는 수고 없이도 수업 시작과 종료를 알아차릴 수 있다.

루틴

교사에게는 수업이 중요하다 보니, 쉬는 시간은 수업을 위한 준비의 의미가 크다. 하지만 학생들에게는 쉬는 시간이 수업시간보다 더 중요하다. 그래서 1교시 종료를 알리는 차임벨은, 교사에게 2교시를 준비하라는 의미이나, 학생에게는 노는 시간이 시작했음을 알리는 의미로 먼저 와닿는다. 학생들은 공부시간이 끝남을 알리는 차임벨 소리는 잘 듣지만, 공부시간이 시작함을 알리는 차임벨은 종종 놓치고 만다. 선생님의 설명이 다 끝나기도 전에, 쉬는 시간을 알리는 차임벨 소리에 교과서를 덮는 것도 같은 이유다. 예의가 없어서라기보다 아이에게 차임벨 신호와 쉬는 시간 루틴의 연결이 강하기 때문이다.

보상

시정표 루틴이 습관 고리로 연결되려면 보상이 필요하다. 수업 준비를 잘 한 학생을 향한 칭찬이 보상이 될 수 있고, 수업이 시작된 교실에 늦게 들어왔을 때의 불편함이 시간을 지켜야겠다는 마음을 먹게 할 수도 있다.

쉬는 시간을 넘겨 수업을 할 때 타이머를 켠 이유

때로는 시간 내에 수업을 마치지 못해 쉬는 시간을 넘기는 일이 생긴다. 역할극 발표에서 마지막 모둠 순서가 남았을 때 종이 치거나, 누군가 발표를 마치지 않았는데 종이 치는 일, 교사라면 겪어 보았을 것이다. 이럴 때면 아이들에게 양해를 구하고 집중을 시키지만, 한숨을 쉬고 짜증 섞인 한마디를 내뱉는 학생이 꼭 있다.

이런 상황에 대비하여 쉬는 시간의 총량을 보장한다는 루틴을 미리 세워둘 수 있다. 만약 쉬는 시간을 넘겨서까지 수업을 한다면, 넘긴 만큼 쉬는 시간을 확보해 주는 것이다. 수업이 종료된 시점에 곧장 타이머를 켜고 10분을 설정한다. 예를 들어 10시 40분에 끝마쳐야 하는데, 10시 43분에 끝났다면, 쉬는 시간을 10시 43분부터 53분으로 한다. 수업시간을 넘겨 화장실에 가면 옆 반에 방해가 될 수 있기 때문에, 화장실에 먼저 다녀오도록 한다. 그리고 차임벨 소리를 3분 넘어선 53분부터 그 다음 수업을 시작한다.

쉬는 시간에 대한 루틴을 만드니 수업 시간을 초과하는 일이 생기더라도 학생들은 불만을 품지 않았다. 수업 시간을 넘기더라도 쉬는 시간은 똑같이 확보 된다는 '예측'을 할 수 있기 때문이다. 간혹 설명이 끝나지 않았음에도 쉬는 시간 종소리에 맞춰 자리를 뜨는 아이가 생길 때면, "수업 아직 안 끝났어. 선생님이 쉬는 시간 다 확보해 주시잖아. 얼른 앉아."라고 교사를 대신하여 루틴을 알려주는 아이들도 생겼다.

루틴에 대한 오해 바로잡기

다른 반에 피해를 주지 않는 것은 루틴일까? 루틴은 의무일까? 루틴에 대한 오해에 대해 알아본다.

오해 1 : 남에게 피해를 주지 않는 것은 루틴일까?

아이들은 자신의 행동이 남에게 피해를 줄 수 있다는 사실을 모를 수 있고, 그래서 분명히 가르쳐주어야 한다. 그러나 이것은 '루틴'이 아니라 '울타리'를 세워야 할 문제다. 자율이란 뭐든 마음대로 하는 자유가 아닌 통제 안에서의 자유다. 남에게 피해를 줄 수 있다면 울타리를 세워 넘지 않아야 함을 가르쳐 주어야 한다.

> - 다른 반 수업에 방해가 되지 않도록 쉿 자세로 이동하기
> - 복도는 이동통로, 다른 사람에게 피해를 주지 않도록 모여 있거나 장난치지 않기

만약 위의 예시처럼 남에게 피해를 줄 수 있는 가능성에 대비해 루틴을 세운다면 남을 의식하는 것이 습관이 될 수 있다. 사뿐사뿐 조용히 걷는 습관만이 아니라 그 행동을 할 때마다, 남을 의식하는 습관이 길러질 수 있는 것이다. 우리 반이 아닌 다른 반, 내가 아닌 남의 이목에 신경을 집중하게 된다.

매일의 루틴, 반복적 일상은 좋은 습관으로 가는 긍정적 방향으로 세운다. 남에게 피해를 줄 수 있다면, 루틴이 아닌 울타리를 세워 혼란을 주지 않아야 한다.

다른 반 수업에 방해가 되지 않도록 쉿 자세로 이동하기

→ 이동할 때는 사뿐사뿐

복도는 이동통로, 다른 사람에게 피해를 주지 않도록 모여 있거나 장난치지 않기

→ 수다는 교실에서, 복도에서는 조용히

오해 2 : 루틴이 의무일까?

학교 루틴은 모두를 위해 정해 둔 공통의 규범이다. 수업이 지루하다고 해서 임의로 쉬는 시간을 늘릴 수는 없다. 배가 고프다고 해서 점심시간이 되지 않았는데 급식실로 가서는 안 된다.

그런데 교실 루틴은 다르다. 아침에 학교에 오면 선생님과 친구들에게 인사하는 것이 루틴이지만, 그것이 의무는 아니다. 점심시간, 급식당번을 돌아가며 하는 것도 루틴이지 의무는 아니다. 학교 루틴은 바꿀 수 없지만, 교실 루틴은 조정도 가능하다.

학교 루틴이 학교 구성원 누구나 지켜야 할 규칙이라면, 교실 루틴은 교사와 학생이 창의적으로 만들어가는 교실 속 약속이다. 루틴이 매일의 의무라면 교사는 끊임없이 지시해야 한다. 아이들로서는 안 하면 혼나니, 어쩔 수 없이 해야 하는 일과로 하루가 채워지고 만다. 일상 속에서 무거운 짐에 눌린다면, 자율성을 발휘할 수 없다.

일상 속에서 의무에 눌려 있지 않은가 돌아보자. 뭐든 열심히 해야 한다고 스스로에게 의무와 압박을 주고 있지는 않은가? 열심히 하

는 것도 의무는 아니다. 열심히 하는 게 좋겠지만, 힘들면 쉬어도 된다. 선생님 자신의 삶 가운데 당위적 명제와 의무가 많다면, 아이들에게도 그럴 수 있다.

루틴의 틀	루틴의 울타리
마땅히 해야 할 일	습관을 만드는 열쇠
매일의 의무	매일의 작은 성공의 경험
안하면 혼남	잘하면 칭찬

아이들이 원하는 일은 핸드폰, 유튜브 보기, 게임, 슬라임 등일 테지만 아이들의 일상은 학습, 식사, 운동 등으로 채워진다. 좋은 습관을 가지도록 루틴을 세우고 반복할 수 있도록 환경을 만들어주었기 때문이다.

세 살 버릇 여든까지 간다. 밥 먹기, 손 씻기, 정리하기 모두 가르치고 연습하고 반복해야 습관이 된다. 일상 속 좋은 습관은 빡빡한 일정 가운데 생기는 것은 아니다. 정해진 루틴을 지속적으로 반복하다보면 어떤 아이든 좋은 습관을 가질 수 있다.

좋은 루틴의 조건

좋은 식습관 형성을 위해 엄마는 식단을 고민한다. 아이를 위해 영양가 있는 음식이 무엇일지를 생각한다. 아무리 영양가 있는 음식이라도 아이가 싫어한다면 소용이 없으니, 아이의 기호와 입맛도 생각해야 한다. 또 엄마가 만들기 쉬운지도 관건이다. 영양가 있고 아이가 좋아하는 음식이라 하더라도, 엄마에게 만들기 힘든 요리라면 자주 해줄 수 없으니까.

루틴도 그렇다. 우선 아이들에게 도움이 되어야 한다. 동시에 아이들이 좋아하고, 교사에게 관리가 쉬워야 좋은 루틴이라고 할 수 있다.

좋은 밥상	좋은 루틴
1. 영양가 있고	1. 학생에게 도움이 되고
2. 아이들이 잘 먹고	2. 학생이 좋아하고
3. 만들기 쉬운 요리	3. 쉬운 루틴

학생에게 도움이 되는 루틴

루틴은 행동의 반복이다. 반복을 통해 얻을 수 있는 효용이 많을수록 좋다. 루틴을 세울 때는, 학생들에게 루틴이 어떤 도움을 줄 수 있는가를 질문해보아야 한다. 뚜렷한 효용이 없는 루틴은 모래성처럼 연약하다. 학생에게 도움이 되는 게 분명할 때에야 루틴의 기반이 견고해지고, 오래도록 반복하고 유지해 나갈 수 있다.

학생이 좋아하는 루틴

학생들은 재미있는 것을 좋아한다. 루틴 자체가 재미있다면 좋겠지만 일상이 늘 재미있을 수는 없다. 학습의 과정은 재미보다 지루함이 크고, 규칙을 지키는 것도 즐거움을 주는 일은 아니다. 하지만 루틴이 싫기만 하다면, 해보기도 전에 손을 놓아버릴 것이고 습관도 만들어지기 어렵다. 따라서 아이들이 루틴을 덜 싫어하고, 지루함을 덜어줄 수 있는 방법에 대한 고민이 필요하다.

음식을 예로 들어 보자. 양파를 싫어하는 아이에게 양파를 먹이려면 어떻게 해야 할까? 아이가 잘 먹는 음식에 양파를 섞어 먹일 수 있다. 단번에 양파를 좋아하게 만들 수는 없지만, 좋아하는 음식과 함께 먹으면서 서서히 거부감을 줄일 수 있다. 루틴도 그렇다. 지루함을 느끼는 루틴 사이에 재미있는 루틴을 쌓아 좋아하게 만들 수 있다.

학급 서클 회의를 예로 들어 보자. 서클 회의를 위해서는 책상을 밀고 의자를 갖고 와 원형으로 배치하는 수고를 거쳐야 한다. 힘들게 자리를 만들고 곧장 딱딱한 의사결정 회의를 한다면 어떨까? 아이들은 자리를 옮기는 과정이 고단하고 의사결정 회의는 지루하다고 여길 수 있다. 그래서 PDC 학급회의는 원형 자리 배치와 의사 결정 회의 사이에 서클 놀이를 루틴으로 하고 있다. 서클 놀이의 즐거움이 원으로 자리를 바꾸는 수고를 잊게 해준다. 또 놀이에서 회의로 루틴을 연결함으로써 서클회의는 재미있는 것이라는 정서적 연결이 될 수 있다.

또 반복을 통해 재미를 느끼게 할 수도 있다. 반복하면 쉬워지고, 쉬워지면 재미와 성취감을 맛볼 수 있다. 점점 난이도와 양을 늘려가는 것이 아니라 똑같은 양의 과업을 지속하고 반복하다보면 점차 쉬워지고, 그 가운데 재미를 느낄 수 있다. 반복은 지겨움보다 재미를 준다.

궁금한 이야기 | 반복하면 지루해질까? 쉬워질까?

반복은 아이들에게 지겨움과 지루함을 줄까? 그렇지 않다. 만약 반복이 지겨움으로 이어진다면, 우리는 매일 쌀밥을 먹을 수 없다. 밥 냄새만 맡아도 질릴 테니까. 질리게 하는 건 횟수가 아니라 양이다. '빈도'가 아닌 '강도'의 문제다. 아무리 맛있는 음식이라도 과식을 하면 배탈이 난다. 아이의 나이와 능력에 맞지 않게 과한 양이 루틴이 된다면 질릴 수 있다. 양을 조절할 문제이지, 반복의 문제가 아니다.

반복하면 쉬워진다. 만만하게 시작해서 꾸준히 반복하다보면 나중에는 자동으로 한다. 습관형성의 지름길은 만만한 시작, 그리고 꾸준한 반복이다.

쉬운 루틴

쉽다는 의미는 두 가지다. 우선 학생에게 쉬워야 하고, 둘째 교사에게 관리가 쉬워야 한다.

학생에게 만만한 루틴

어려우면 실천부터 겁낸다. 거창한 루틴은 작심삼일이 되고 만다. 반면 쉬운 도전은 저항하기보다 빨리 끝내버리고 싶어진다. 아이들에게 부담이 되지 않는 선에서 만만하다 싶을 만큼 쉬운 루틴일수록 실천도 잘 된다.

루틴이 너무 어렵다면 아이의 습관 형성에 보탬이 되지 않는다. 어려운 숙제는 안 하고 미루다 결국 못할 수 있다. 숙제를 미루는 자신이 사랑스러울 수 있을까? '숙제 안 해온 사람'으로 칠판에 이름이 적혀있는 자신이 자랑스러울 수 있을까? 자신에 대한 긍지와 자부심을 만들어주기 위해서라도 숙제부터 끝내는 습관은 필요하다. 학습자의 능력을 고려한 쉽고 만만한 루틴을 세우는 것이 중요하다.

교사에게 관리가 쉬운 루틴

루틴대로 하는 것은 아이들이지만 그걸 유지하고 관리하는 것은 교사의 몫이다. 모든 루틴을 교사가 일일이 관리하려고 하면 루틴이 많아지는 만큼 교사의 역할 부담도 커진다.

루틴을 만들 때 권한과 책임을 아이들과 나누어보자. 예를 들어, 어학실이나 운동장으로 이동할 때, 교실 소등을 하는 역할을 교사만 할 수 있는 것은 아니다. 우유를 창고에서 갖고 오고, 나눠주고, 우유갑을 수합하여 창고에 갖다 두는 역할도 당번을 정해 둘 수 있다. 교사의 부담이 줄어들고 더불어 아이들의 자율성을 키울 수 있다.

만약 아이들이 하기 싫어하는데 교사가 관리의 편의성을 위해 루틴으로 책임을 나눈다면, 그것은 루틴이 아니라 지시이고 명령이다. 아이들이 책임을 나누는 것을 기쁘게 생각하는지, 불편하게 여기는지는 대화를 통해 알 수 있다. 루틴을 정하는 데 있어서도 아이들과의 대화가 필요하다.

첫술에 배부를 수 없다. 루틴이 습관으로 정착되기까지 아이들은 서툰 시행착오를 거친다. 한치의 오차도 없이 제 시간에 줄을 서서 얌전히 이동을 하고, 한명도 빠짐없이 숙제를 다 해오는 일은 처음부터 되지 않는다. 그러나 같은 루틴을 지속하다보면 아이들은 이동할 시간이면 말하지 않아도 서둘러 줄을 설 것이다. 쉬운 과제를 매주 반복하면 아이들은 숙제부터 해놓고 노는 습관을 키울 수 있을 것이다. 습관은 하루아침에 완성되지 않는다. 아이들의 서툰 과정을 기다려주자.

루틴은 훈련보다 연습이다

글씨를 처음 배우는 아이에게 연필 쥐는 법과 필순을 가르치는 상황을 생각해보자. 순서를 엉터리로 쓴다고 야단치고, 연필 쥐는 방법에 맞지 않음을 지적한다면 어떨까? 글씨를 익히는 과정이 치열한 훈련이 될 것이다. 글씨 쓰기 연습을 꾸준히 하는 것만으로도 글씨를 예쁘게 쓰는 습관을 만들 수 있다. 순서를 지키지 않는 아이가 있다면 가르쳐주고, 일부라도 순서에 맞게 쓰면 칭찬해주는 것이다.

훈련된 교실 속 아이들은 정돈되어 있다. 모든 것이 정해진 자리에 놓여 있고, 일사불란하게 움직이고 규칙이 있다. 연습하는 교실 속 아이들은 서툴고 어설프다. 누군가는 빠르고 누군가는 더디다. 누군가는 한 발짝 앞서고 누군가는 반걸음 뒤처진다. 곳곳에 빈틈이 있다. 하지만 서툰 과정과 빈틈 사이에 웃음이 있고 대화가 오간다.

아이를 위한 좋은 습관, 훈련으로 치열하게 해야 만들어지는 것은 아니다. 매일, 꾸준히, 일정한 루틴으로 반복하면 그것이 곧 습관이 된다. 루틴은 훈련보다 연습이다.

	루틴 훈련	루틴 연습
과정	시키고 혼낸다	가르치고 기다린다
목표	완벽	숙달
실수	교정해야 함	배우는 과정
교사	훈련 조교	조력자, 동반자
학생	지시에 따른다	스스로 한다
분위기	딱딱하다	부드럽다

자율성을 키우는 루틴,
어떻게 세울 수 있을까

아침에 일어나 눈을 뜨면 씻고, 커피를 마시고, 출근 준비를 한다. 의지로 움직이는 것이 아니라 해 온대로, 하던 대로 하는 일이 일상 가운데 꽤 많다. 여행을 가거나 특수한 상황이 아닌 이상 우리는 패턴화된 일상에 산다.

교실도 루틴대로 돌아간다. 자율성을 자극하는 루틴만 잘 세워 놓아도, 학생들은 스스로 움직인다. 자율성을 키우는 루틴, 어떻게 세울 수 있을까?

루틴 세우는 두 가지 방식

최초의 루틴은 교사가 정해서 안내하고, 이후 학생들의 의견을 반영하여 수정하고 보완해 나가는 것을 추천한다.

3월에 잡아야 할 것은 학생이 아니라 루틴이다. 루틴을 잘 세워둔다면 한 해가 잘 돌아간다. 3월 한 달은 교사에게나 학생에게나 적응의 시기다. 학년이 바뀜에 따라 환경도 바뀌고, 선생님에 따라 학급운영 방식이 다를 수 있음을 아이들도 예상한다. 루틴을 적응의 과정으로 여기며 큰 저항 없이 받아들인다. 따라서 3월 시작과 함께 곧장 투입할 수 있도록, 새 학년이 시작되기 전 루틴을 설계해두는 것이 필요하다. 아침 루틴을 사례로 루틴을 세우는 2가지 방식을 알아본다.

① 교사가 정하는 방식 (처음)

나는 오래전부터 독서를 아침 루틴으로 해왔다. 그런데 9시 등교가 시행되면서부터 루틴 유지가 어려워졌다. 아이들이 똑같이 8시 40분까지 등교를 할 때는 8시 40분에서 9시 사이의 시간을 루틴으로 만들 수 있었다. 그러나 공식적인 등교시간이 9시가 된 이상, 일찍 온 아이와 늦게 온 아이 사이의 시간차가 생겼다. 조용히 책읽기를 루틴으로 이어가기에 어려움이 많았다. 친구들이 책을 읽고 있는 교실에 방해가 될까봐 살금살금 들어오는 아이들도 있었고, 드르륵 뒷문을 여는 소리에 은근한 눈치를 주는 아이도 있었다.

즐거운 마음으로 들어와야 할 교실에, 등교할 때마다 독서의 방해꾼이 되게 하는 루틴은 득보다 실이 많아 보였다. 등교시간이 제각각 이어서 그런지 아침 시간은 늘 소란했고 그 시간을 틈타 수다 삼매경에 빠진 아이들도 생겼다. 고민 끝에 나는 아침 루틴을 바꾸는 문제를 학급회의 안건으로 가져갔다.

② 학급 회의로 정하는 방식 (나중)

학생들은 활발하게 의견을 냈다. 많은 학생들이 아침독서가 아닌 아침대화를 원했다. 딱딱한 인사보다 자유로운 대화 가운데 인사하는 게 좋다고 했다. 안될 것도 없었다. 공식적으로 등교시간은 9시였고, 수업 준비나 가정통신문 제출은 9시부터 9시 10분 사이에 해도 충분했다. 그래서 그 다음날부터 우리 반 아침 루틴은 자유로운 대화가 됐다.

결과는 어땠을까? 아침 루틴을 독서에서 대화로 바꾸니 아침에 일찍 오는 아이들이 늘어났다. 아침 20분 정도의 자유로운 대화시간은 아침잠을 깨울 만큼 달콤했다. 아이들은 스스로 만든 아침 대화시간을 좋아하고 기대했다. 신기한 것은 수다 삼매경에 빠져있다가도, 9시를 알리는 차임벨이 울리면 대화를 멈추고 자리로 돌아가는 것이었다. 아이들은 9시 정각이면 너나할 것 없이 자리로 돌아갔고, 무어라 지시하지 않아도 시간표에 맞추어 교과서를 준비하고 가정통신문 및 숙제 제출을 했다.

학생들은 스스로 정한 루틴에 책임감을 갖는다. 자율성을 주면, 그에 상응하는 책임을 경험하고 스스로 지키려는 마음을 먹는다.

학생 중심의 루틴 세우기

루틴을 세울 때 보통 무엇을, 어떻게 할 것인가에 집중한다. 그런데 루틴을 누가, 왜 하냐에 대해서도 생각해 보아야 한다. 목적과 대상을 제대로 이해할 때, 지혜로운 방법도 찾을 수 있기 때문이다. 사람 중심의 루틴을 세워야 한다.

만약 무엇을(what), 어떻게(how)하는지 만이 담겨있다면 그것은 방법중심의 루틴이다. 누가(who)하는 것이며, 왜(why)해야 하는가에 대한 고민을 하고 그 다음 무엇을, 어떻게 할 것인지를 담을 때 학생중심의 루틴이 된다. 루틴을 사람을 중심에 두고 세워야 지속도 유지도 쉽다. 누가, 왜 해야 하는 지 목적이 분명하기 때문에 누군가 하려고 하지 않을 때 설득하며 이끌 수 있다.

방법중심 루틴	학생중심 루틴
what(무엇을), how(어떻게)	who(누가), why(왜 해야 하냐) ↓ what(무엇을), how(어떻게)

루틴 세우는 법을 why(왜) → who(누가) → how(어떻게) 하는지의 순서로 알아본다.

루틴의 why

루틴을 왜 해야 하는가에 대해 질문해보자. 왜해야 하냐에 대한 공감과 이해가 뭘 하냐 이전에 필요하다.

"아이들에게 어떤 도움이 되나?"

"해야 한다는 틀에 갇혀 있는 것은 아닌가?"

"안하면 안 되나?"

루틴의 who

루틴이 학생의 학년, 나이, 수준에 맞는지를 살펴야 한다. 또 교사 자신에게도 맞는지를 생각해 보아야 한다. 교사에게 맞지 않는 루틴은 학생에게 도움이 된다 하더라도 오래도록 유지하기 어렵다. 교사에게 어울리고, 학생의 수준에도 맞아야 한다.

새 학년이 시작되기 전, 2월에 얻을 수 있는 학생들에 대한 정보는 그렇게 많지 않다. 몇 학년인지와 몇 명인지 정도가 교사가 알 수 있는 전부다. 따라서 루틴의 큰 틀만을 정해 3월부터 실천하고, 디테일은 학생들의 반응을 보며 보완해가는 걸 추천한다. 3월 적응 과정에서 루틴을 함께 정하는 건 교사에게나 아이들에게나 벅찬 일이다. 3월 교사가 잘 짜인 루틴을 제시하는 것이 최선이다.

루틴의 how

① 숫자, 요일, 시간으로

루틴을 세우는 방식에는 여러 가지가 있는데 숫자, 요일, 시간으로 정하면 명확하다. 만약 '매달 마지막 날'자리를 바꾼다고 해보자. 마지막 날이 학교에 오지 않는 토요일이나 일요일일 경우 애매해지고 만다. 마지막 날 전에 바꿀 것인지, 주말을 지나고 바꿀 것인지 아이들로서 예상할 수 없다. '마지막 주 금요일'이라고 하면 보다 명확하다. 몇 교시인지까지 안내하면 더욱 좋다.

매달 마지막 주 금요일 6교시에 자리를 바꾸는 것을 루틴으로 했더니, 아이들은 5교시 쉬는 시간에 말하지 않아도 알아서 책상 서랍을 비웠다. 이처럼 숫자, 요일, 시간으로 루틴을 안내하면 아이들은 스스로 움직일 수 있다.

Tip | 숫자, 요일, 시간으로 루틴을 제시 하는 법

- 시간의 정량화 : 등교후에 → 8:50-9:00
- 횟수보다 요일로 : 주2회 (횟수) → 월, 수(요일)
- 용어로 구체화 : 선생님께 내기 → 노란 바구니에 담기

② 잘 보이게 게시한다.

"선생님, 오늘 몇 교시해요?"

"선생님, 점심시간 몇시까지 에요?"

"선생님, 학급회의에서 급식 남기는 거 된다고 정했잖아요. 그거 밥이에요, 반찬이에요?"

루틴을 알려주었다 하더라도 아이들은 금세 잊는다. 말로 전달하는 정보는 휘발된다.

루틴을 기록하고 게시해 두어야 한다. 루틴을 잘 보이도록 게시하는 것은 교사 머릿속에 있는 정보를 모두에게 공유하는 일이다. 루틴이 게시되어 있으면, 학생들은 헷갈릴 때마다 교사에게 의지하지 않고 스스로 확인할 수 있다.

"선생님, 점심시간 몇 시에 끝나요?"
→ "시정표 확인해보세요."
"선생님, 서클회의에서 급식 남기는 거 된다고 했잖아요. 그거 밥이에요, 반찬이에요?"
→ "회의 결과 게시판 확인해보고 궁금한 점 있으면 물어보세요."

루틴을 게시할 때, 복잡한 설명은 아이들에게 혼란을 준다. 긴 문장보다 간단한 단어가 좋고, 기호나 그림으로 시각화하면 직관적 이해해 도움이 된다. 교실 출입과 관련된 루틴이라면 교실 출입문에, 청소와 관련된 루틴이라면 청소함 근처에 붙이는 식으로, 연관성이 있는 장소에 게시하는 것이 효과적이다.

루틴 세우는 법
1. 루틴의 목적과 대상(why & who)을 생각한다. 2. 숫자, 요일, 시간으로 정한다. 3. 잘 보이게 게시한다.

글쓰기 루틴

글쓰기 루틴의 why

왜 글쓰기를 해야 할까? 글쓰기를 하면서 얻을 수 있는 효용이 많기 때문이다. 무엇보다 글을 쓰며 자신을 알아가고 자신과 친해질 수 있다. 글쓰기는 내면의 소리를 듣고 자신과 대화하는 좋은 도구가 된다. 또 글은 대화의 소재가 된다. 학생들이 쓴 글을 읽고, 학생들의 마음과 생각을 들여다볼 수 있다. 글 쓴 내용을 가지고 대화의 물꼬를 틀 수 있다.

글쓰기 루틴의 who

3~4학년은 비교적 덜하지만 5~6학년만 되면 글쓰기가 어렵고 지루하다고 여기는 아이들이 많다. 남학생의 경우 글쓰기에 대한 편견이 더욱 심하다.

실행의 거부감을 줄이기 위해 진입장벽을 낮출 필요가 있다. 아이들이 만만하다고 여기며 할 수 있는 글쓰기 루틴의 분량은 학년별로 다르다. 내가 세운 학년별 글쓰기 루틴은 다음과 같다.

① 1학년 : 10칸 공책에 받아쓰기 연습하기

② 2학년 : 문장 베껴 쓰기, 빈칸 채워 문장 완성하기

③ 3-4학년 : 3-5줄 쓰기

④ 5-6학년 : 5-10줄 쓰기

글쓰기 루틴의 how

나는 고학년을 대상으로 글쓰기를 루틴으로 정하고 여러 방법을 시도해보았다. 시행착오 끝에 정착시킨 글쓰기 루틴은 먼저 글쓰기 워크북을 만들고, 하교 전 글쓰기를 하고, 자기 자리에 놓고 가고, 내가 돌아다니면서 검사하고 잘된 글을 다음날 읽어주는 방식이다.

① 글쓰기 워크북 만들기

매달 첫날이면 글쓰기 워크북 만들기로 루틴을 시작한다. 전에는 줄공책에 쓰게 했는데 편차가 심했다. 어떤 아이는 10줄을 금세 채웠지만, 어떤 아이는 1줄 쓰는 것도 힘들어했다. 그렇다고 누구는 3줄, 누구는 10줄, 아이들마다 분량을 달리할 수도 없었다. 그렇게 하면 루틴이 통일성이 없고, 체계가 없는 틈을 타서 아이들은 너도 나도 적게 하려는 협상을 하려 들기 때문이다.

줄공책을 대신해 글쓰기 워크북을 스스로 만들게 했다. 10줄짜리, 5줄짜리로 글쓰기 노트를 출력해 두고, 아이들에게 선택하게끔 했다. 10줄짜리를 선택해도 되고, 5줄짜리 공책을 선택해도 되고, 두 가지를 원하는 대로 섞어도 된다. 본인의 능력과 기호에 맞게 스스로 선택한 다음, 스테이플러로 묶는다. 대다수의 아이들이 처음에는 5줄 노트를 선택하지만 시간이 지나 글 쓰는 습관의 근육이 생기면, 스스로 단계를 높여 나간다. 2학기 즈음에는 5줄 노트는 슬쩍 치워 두고 찾는 학생에게만 주었다.

학생들에게 선택할 수 있는 기회를 주고 글쓰기 워크북을 만들게 하면, 자신이 선택한 분량만큼 채우려는 노력을 한다. 다 채우라는 지시보다, 자신의 선택과 자기와의 약속이 더 큰 동기부여가 된다. 또한 매일의 분량이 구획되어 있으면, 그만큼을 채우려는 심리도 있어 쓰기 습관을 만드는 데 여러모로 도움이 된다.

② 하교 전 글쓰기

글쓰기 루틴은 아침에 할 수도 있고 짬짬이 할 수도 있고, 하교 전에 할 수도 있다. 여러 해의 시행착오 끝에 나는 하교 전 6교시에 글쓰기를 하는 것으로 루틴을 정했다. 깊이 고민하고 생각해서 쓰라고 할 때 아이들은 글쓰기를 더 어려워했고 결과물도 좋지 않았다. 오히려 빨리 쓰고 집에 간다는 생각을 할 때, 거침없이 써내려갔다. 글을 쓰고 집에 가는 것이 루틴과 보상으로 연결되기 때문이다.

하교 전 글쓰기 루틴을 위해 나는 시간표를 짤 때부터 고민을 했다. 6교시에 수학이나 사회 교과 대신 창체, 국어를 넣었다. 수학이나 사회는 학습 내용이 많아서 40분 수업을 꽉 꽉 채워도 모자란 날이 많다. 거기에 글쓰기 짬을 내기는 어렵다. 국어는 글쓰기와 연계가 되고, 창체는 비교적 수업 운영의 융통성이 있기 때문에 6교시 글쓰기를 위해 5~10분의 여유를 낼 수 있었다.

글쓰기 주제는 내가 한 두개씩 정해 주었다. 주제와 제목을 주는 이유는 주어진 제목대로 써야한다는 통제가 아니라, 아이들이 빨리 글쓰기를 시작할 수 있도록 돕기 위함이다. 뭘 쓸까에 대한 고민까지 해야 한다면 5~10분 이내에 글쓰기를 다 마치기 힘들다. 쓰고 싶은 소재가 있다면 그것을 쓰면 좋고, 소재가 마땅히 떠오르지 않을 때는 교사가 준 주제를 골라 쓰도록 했다.

③ 자리에 놓고 가기

글쓰기를 루틴으로 한 첫해에 루틴의 순서는 매우 단순했다. 학생들이 글을 쓰고, 다 쓰면 나에게 검사를 받는 것으로 끝이 났다. 학생들이 글을 쓰는 시간은 몇 분인데, 줄 서서 검사를 기다리는 시간은 늘 그보다 길었다. 검사를 기다릴 시간에 한 글자라도 더 쓰면 좋으련만 학생들은 대충 쓰고 말았다. 학생들에게 글쓰기는 지루하지만, 줄 서서 기다리는 동안에는 친구들과 이야기할 수 있으니 학생들은 대충 쓰고 기다리는 쪽을 택했다. 다 한 순서대로 검사를 받을 때, 조급함에 속도는 빨라지지만, 완성도는 떨어진다.

이 문제를 해결하기 위해 나는 앞으로 나와서 검사를 맡는 대신, 글쓰기 노트를 펼쳐 놓고 하교하는 것으로 상황을 바꿨다. 글쓰기를 마치고 하교 하면, 내가 학생들 책상을 돌며 글쓰기 노트를 읽었다. 이렇게 하니 줄을 서며 기다리는 시간낭비를 막을 수 있었다. 나로서도 편했다. 학생들이 앞으로 나와 줄을 서며 기다릴 때는 빨리 검사를 해야 한다는 조급함이 들었지만, 모두 하교한 교실에서 나 혼자 남으니 학생들의 글을 여유롭게 읽을 수 있었다.

④ 읽어 주기

좋은 글이 있으면 글 쓴 학생에게 동의를 구하고 다음날 아침에 읽어주었다. 글씨를 예쁘게 쓴 글이 아니라, 개성이 선명하게 드러난 글, 솔직하게 자신의 이야기를 담은 글을 위주로 뽑았다. 읽어줄 때는 누가 썼는지 알려주지 않고, 다 읽어준 다음 아이들에게 맞히게 했다. 학생들은 어렵지 않게 글 쓴 친구가 누구인지를 찾아냈다. 자신의 글이 여러 사람 앞에 읽히는 경험은 아이들에게 기쁨을 줬고, 아이들은 친구가 쓴 글을 듣는 시간을 즐거워했다.

하교 쪽지 루틴

글쓰기 루틴은 하교 쪽지 루틴으로 연결된다. 글쓰기를 마친 아이들은 곧장 하교 전 쪽지를 쓴다.

쪽지 한 줄을 쓰는 것은, 아이들과 교사 모두에게 유익이다. 짧은 시간이지만 학생들은 한 줄, 한마디로 하루를 돌아보고 정리할 수 있다. 하교 쪽지 쓰기 또한 글쓰기라서 기록하는 습관을 세우는 데도 도움이 된다. 글쓰기와는 달리 정해진 분량이 없어서 아이들이 부담을 느끼지 않는다. 안하려고 미루기보다 빨리 끝내고 집에 가려는 마음을 먹는다.

하교 쪽지 루틴은 교사에게도 도움이 된다. 쪽지를 통해 아이들의 속마음을 들여다볼 수 있다. 매일의 수업에 대한 솔직하고 구체적인 학생들의 피드백은 학급운영의 반성과 개선의 자료가 된다. 수업에 대한 아이들의 반응이 궁금하지만, 일일이 물어볼 수 없기에 쪽지는 좋은 통로가 된다.

하교 쪽지 루틴을 위한 준비는 매우 간단하다. 쪽지를 보관하는 통과 쪽지를 써서 넣는 함, 두 개만 있으면 된다. 이면지를 잘라 쪽지를 보관하는 통에 넣고, 아이들이 쓴 쪽지는 다른 통에 넣도록 안내한다. 나는 다이소에서 3천 원짜리 통을 2개사서 몇 년째 잘 쓰고 있다. 쪽지도 처음에는 이면지를 잘라서 내가 만들었지만, 이후에는 그것도 아이들이 했다. 이면지가 생기면 아이들이 스스로 가위로 잘라 쪽지 보관함에 넣었다.

글쓰기는 근육이고 습관이다. 할 말이 없더라도 자꾸 써봐야 익숙해지고 글쓰기 실력이 성장한다. 규칙적으로 글을 쓰는 루틴을 지속한다면, 누구나 글쓰기 습관을 만들 수 있다.

<쪽지함, 쪽지를 가져가서 쪽지함에 넣는다>

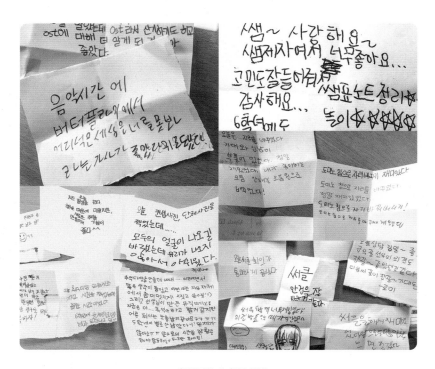

<학생들이 쓴 하교 쪽지 >

만약, 루틴이 잘 지켜지지 않는다면

아이의 식성에 맞게 반찬을 해줬는데도 아이가 먹지 않고 다 남긴다면 어떨까? 왜 남겼는지 이유를 찾아볼 것이다. 간이 안 맞는지, 재료는 어떤지, 요리의 순서와 분량은 맞는지 점검한다.

루틴도 그렇다. 루틴이 잘 지켜지지 않는다면, 학생들에게 맞지 않는 이유가 무엇인지, 루틴의 상황과 순서를 점검해보아야 한다. 아침인사 루틴을 사례로 들어 알아본다.

아침인사 루틴의 how

아침에 등교하면 선생님과 인사하는 것을 루틴으로 정했지만 잘 지켜지지 않았다. 대다수의 학생들이 등교를 하고 나에게 다가오지 못하고 주뼛거렸다. 그러다 누군가 한 사람이 내게로 와 인사를 하면 그 때서야 우르르 따라 나왔다. 이유를 물으니, 선생님의 자리까지 나오는 게 어색하다고 했다.

상황과 순서 점검

학생들 자리와 교사의 책상 사이의 물리적 거리가 문제였다. 나는 이 문제를 해결하기 위해 칠판 편지 읽기라는 상황 루틴을 쌓았다.

아이들에게 고마운 마음을 전하는 편지부터, 좋아하는 과목을 묻는 투표하기까지 다양한 형태의 글을 칠판에 써 두었다. 사실 내용이 중요한 것은 아니었다. 아이들이 내게로 오는 거리를 좁히는 데 목적이 있었다. 칠판 편지를 읽으러 온 이상, 그 옆에 앉아있는 나에게 오는 걸 더 이상 어색해하지 않았다. 사실 칠판까지 와서 선생님에게 인사를 하지 않고 그냥 들어간다는 게 더 어색한 일이었다. 칠판 편지 루틴은 아이가 나에게 오는 물리적 거리를 좁혀줬고, 그 덕분에 아침 인사 루틴은 잘 지켜졌다.

　루틴이 잘 지켜지지 않는다면, 이처럼 루틴의 상황과 순서를 점검해보자.

예측의 비밀, 상황과 집단의 힘

자율교실의 2원칙 '예측 가능해야 스스로 한다'에서 예측이란, '상황'에 대한 예측을 말한다. 상황은 습관을 만드는 핵심이다. 똑같은 시간과 동일한 장소 가운데 특정 행동을 반복한다면, 아이는 자신의 할 일을 예측하고 스스로 행동으로 옮길 수 있다.

상황의 힘

자율성을 키우기 위해서는 상황을 예측할 수 있게 해주어야 한다. 어떻게 하면 아이들에게 상황에 대한 예측력을 키워줄 수 있을까?

첫째, 상황을 동일하게 유지한다. (신호)
둘째, 같은 상황에서 특정행동을 반복한다. (루틴)
셋째, 루틴대로 했을 때 칭찬한다. (보상)

상황은 신호가 되고 칭찬은 보상이 되어 신호→루틴→보상의 습관 고리가 만들어진다. 루틴대로 하는 것은 아이들이다. 교사의 역할은 상황을 동일하게 유지하고, 루틴대로 해냈을 때 칭찬하는 것이다. 그럼, 숙제 루틴을 예로 들어보자.

매주 금요일마다 일기쓰기를 주말 숙제로 내주고, 이를 반복한다면 아이들은 알림장을 확인하지 않고도 숙제가 무엇인지 알 수 있다. 주말이라는 상황이 숙제를 하는 루틴으로 연결된다. 만약 매번 숙제가 바뀐다면 어떨까? 숙제가 일회적이고 이벤트성이라면, 아이들로서는 예측을 할 수 없고 숙제를 안 해오는 아이들도 많아질 수 있다. 하기 싫어서 안하는 게 아니라 숙제가 있다는 것을 모르기 때문이다.

숙제를 기억하는 힘은 반복에서 나온다. 같은 요일, 같은 종류의 숙제를 반복적으로 내주는 것이 습관 형성에 유리하다. 일기에 대해서 코멘트를 써주고, 칭찬을 받는다면 신호→루틴→보상으로 연결되어, 일기 쓰기의 습관 고리가 만들어진다.

1. 신호	상황	매주 똑같이 일기 쓰기 숙제	교사
2. 루틴	숙제	주말에 일기쓰기	학생
3. 보상	칭찬	일기에 코멘트 달아주기	교사

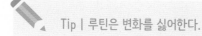
- 매일 똑같은 루틴 : 매일 5줄 쓰기
- 요일별 달라지는 루틴 : 월·수·금 3줄, 화·목 5줄 쓰기

글을 쓰는 총량으로 본다면 매일 5줄씩 쓰는 것이 요일별로 다르게 할 때보다 많다. 그렇다면 아이들은 조금이라도 덜 쓸 수 있는 요일별로 달라지는 루틴을 수월하게 느낄까? 그렇지는 않다. 매일 반복되지 않다 보니 오늘은 몇 줄인지 헷갈릴 수 있고, 다른 날보다 많은 양을 써야 하는 화요일, 목요일이 싫어질 수도 있다.

루틴은 변화를 싫어한다. 루틴이 요일에 따라 바뀌기보다 매일 일정하게 유지될 때, 습관으로 쉽게 정착될 수 있다.

상황을 유지한다

안정된 환경은 습관의 토대다. 습관은 예측할 수 없는 돌발 상황 속에서 만들어지지 않는다. 습관을 만들기 위해서는 상황을 유지하는 것이 중요하다.

어떤 루틴이든 모두가 완벽하게 지키기란 쉽지 않은 일이다. 잘 지키는 학생이 있는가 하면, 제대로 지키지 않는 학생도 있다. 학교에

오면 핸드폰부터 꺼두어야 하지만, 끄는 걸 깜빡하는 학생도 있기 마련이다.

"수업 시간에 알람소리가 나면 어떻게 하니?"

루틴을 위한 통제지만, 지적 또한 루틴을 출렁이게 한다. 핸드폰을 꺼두는 것을 깜빡한 부주의함을 제어하다가 자칫 수업의 흐름을 놓칠 수 있다. 통제도 상황 유지에 방해가 될 수 있다. 루틴대로 하지 않는 학생을 교정하는 것보다, 상황을 유지하는 것이 중요하다. 핸드폰을 곧장 껐다면 모르는 척하고 수업을 이어나가는 것도 괜찮다.

습관은 단숨에 만들어지지 않는다. 루틴을 모두가 잘 지키기까지 시간이 걸리고 그때까지 출렁거림이 생길 수밖에 없다. 상황의 파도를 잔잔하게 만드는 것도 교사의 역할이다. 상황을 유지하고 반복을 이어나간다면 루틴은 교실 속 습관으로 자리 잡힐 것이다.

집단의 힘

친구들 모두가 조용히 책을 읽고 있다면, 책을 꺼내 따라 읽으려고 한다. 왜 책을 읽어야 하는지 이유를 생각하거나 의심하기보다, 집단이 하는 대로 따르는 것이다. 모두가 줄을 서고 있다면, 따라서 설 것이고 모두가 손을 씻는다면 따라서 할 것이다. 손을 씻고 싶은 마음이 없더라도 말이다. 이처럼 개인적 욕구와 상충하는 일이라도, 모두가 다 하면 안 할 수 없는 곳이 바로 '집단'이다. 집단의 힘에 기대면 좋은 습관을 쉽게 정착시킬 수 있다.

루틴을 안 지키는 아이가 있다면, 안 지키는 소수보다 지키는 다수에 주목해야 한다. 다수가 루틴을 유지하고 있다면 집단 동조 현상을 통해 행동의 개선을 기대할 수 있기 때문이다. 예를 들어 이동 루틴에 맞춰 줄을 서는 학생들이 대부분이지만, 늦장을 부리는 학생도 있다. 만약 수업시작 3분 전에 과학실로 이동하는 것이 루틴이라면, 준비가 안 된 아이가 있더라도 예정된 시간에 다수의 아이들은 먼저 출발시킨다. 혼자 남은 아이는 뭐라 채근하지 않아도 서두를 것이다.

집단의 믿음은 힘이 세다

학생의 문제행동을 교사가 변화시키는 것은 매우 어렵다. 아무리 가르쳐주어도, 의지를 갖고 자신을 통제하고 바꾸어 나가는 것은 본인에게 달려있기 때문이다. 아이들의 의지력은 나약하다. 유혹에 맞서 스스로를 통제하기란 쉽지 않은 일이다.

혼자라면 자신이 변할 수 있을지 의심하지만 옆에서 지지하고 격려해주는 누군가가 있다면, 나도 할 수 있다는 생각을 할 수 있다. 집단의 지지와 격려 가운데에서 문제 행동의 변화를 기대할 수 있다. 단 한 사람의 믿음을 통해서도 아이들은 변할 수 있다. 공동체의 믿음은 더욱 강력하다. 교사 한 사람이 아닌 집단이 동조자가 되어 준다면 더 빠르고 큰 변화를 이끌어낼 수 있다. 노력과 시도에 대한 친구들의 지지와 믿음은 보상이 되어 행동 변화를 이끈다.

루틴으로 교실 문제 해결하기

교실에서 학생들 간의 갈등은 생기기 마련이다. 갈등을 겪지만 어떻게 해결해야 하는지 방법을 알지 못하다보니 교사에게 해결을 맡긴다. 그런데 교사가 나서서 해결해 주어야 할 문제가 있고, 학생에게 해결할 경험을 만들어 줄 수 있는 상황도 있다. 이 둘을 어떻게 분별할 수 있을까?

교실 문제 해결 알고리즘

우선 문제가 발생한 상황이 보편적인지 특수한지를 살펴야 한다. 급식 받는 순서, 청소당번 정하기 등 다수의 학생들이 겪을 수 있는 보편적 상황이라면, 문제 해결의 기회를 학생에게 주는 게 좋다. 학생들이 문제에 공감하고, 해결의 열쇠를 스스로 찾을 수 있기 때문이다. 교사는 문제해결의 기회만 마련해 주면 된다.

몇몇 학생에게 국한된 특수한 상황적 문제라면 교사가 나서서 해결하고 정리해주는 것이 바람직하다. 학생들 스스로 해결책을 찾기 어려운 문제라면 시간을 허비하기보다 교사가 신속하게 상황을 정리해주는 편이 낫다.

교실에서 마주할 수 있는 여러 문제 상황을 아래의 교실문제해결 알고리즘에 대입하여 보자.

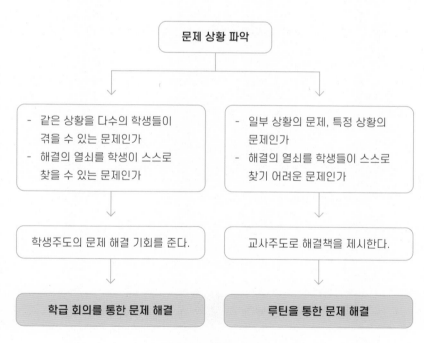

<교실문제해결 알고리즘 >

학생 주도의 문제 해결 사례

> 쉬는 시간, 젠가를 하는 중에 종이 쳤다. 수업은 시작됐고, 아이들은 쌓은 젠가를 부수고 정리함에 담는다. 수업이 시작됐지만 달그락거리는 소리에 여전히 어수선하다.

교실에서 흔하게 마주할 수 있는 상황이다. 학급회의를 통해 학생들 모두가 문제에 대해 생각하고 함께 해결책을 고민해 볼 만하다.

우리 반 아이들이 찾은 해결책은 이랬다. 아이들은 정리에 시간이 걸리는 보드게임과 정리를 금세 할 수 있는 보드게임으로 종류를 나누었다. 체스, 부루마블, 젠가, 루미큐브 등 펼치고 게임을 하고 정리하기까지 시간이 걸리는 보드게임의 경우 점심시간에만 하는 것으로 결정했다. 또 할리갈리, 오목, 컵스택처럼 금방 하고 끝낼 수 있는 보드게임을 쉬는 시간에 하기로 아이들 스스로 의견을 냈고 다수가 동의하여 학급의 루틴으로 결정했다.

> (아이들이 보드게임을 하는 상황) "나도 같이 하자."
> "안 돼!" "싫어!"
> (교사에게 와서 말한다) "선생님, 친구들이 보드게임 저만 안 껴줘요. 저랑 놀기 싫대요."

보드게임을 같이 하자고 할 때 싫다고 거절하는 상황 역시 대다수의 아이들이 한 번쯤 겪어본 일이다. 학생주도로 문제해결을 해볼 수 있다. 학급회의에서 낸 아이들의 의견은 다음과 같다.

"같이 하자고 했는데 안 된다고 하는 거, 진짜 마음 상해."

"맞아. 그런데 보드게임을 하고 있는 도중에는 끼워주기가 애매하잖아. 그래서 안 된다고 할 수밖에 없어."

"안 된다고 하지 말고, 다음에 같이 하자고 말하면 어때? 같은 말이라도 받아들이는 기분이 달라지니까."

아이들은 회의 가운데 활발하게 의사표현을 주고받으며 해결책을 찾았다. 안 된다는 말 대신에, "다음에 같이 하자"라는 말을 하는 것을 약속한 것도 아이들이다.

물론 매번 지혜롭고 합리적인 해결책을 찾아낸 것은 아니다. 때로는 "욕하면 욕 10번 깜지 쓰기", "그래도 욕하면 20, 40, 80번씩 두 배로 쓰기"라는 처벌을 규칙으로 합의한 적도 있다. 나는 벌주는 것으로 행동이 개선되는 데는 한계가 있다는 코멘트를 주었을 뿐, 결과를 수용했다. 자신들이 찾은 해결책의 오류를 깨닫는 데는 긴 시간이 걸리지 않았다. 2의 제곱으로 높아지는 처벌은 현실적으로 감당할 수 없음을 깨닫는데 2주도 채 걸리지 않았다. 합리적이지 않은 답을 경험할 때에야 비로소 현명한 해결책을 찾아낼 수 있다.

시행착오는 꼭 거쳐야 하는 과정이다. 그때마다 교사가 개입하여 비합리적 방법임을 지적한다면 아이들은 배움과 깨달음의 기회를 얻을 수 없다.

학급 서클회의가 문제해결의 루틴으로 정착되면 가장 편한 건 교사다. 학급의 문제가 발생했을 때 자연히 학급회의 안건으로 상정이 되고 합의를 통한 의사결정이 가능하기 때문이다. 교사의 판단과 지시가 없어도 되고 민주적 의사결정을 격려해주면 되기에 에너지 소모가 줄어든다. 학급 회의를 마치고, 한 학생은 다음과 같은 소감을 말했다.

"학급 회의를 하고 보니 우리가 직접 학급을 만들어간다는 것, 민주주의란 이런 것이라는 실감이 난다. 모두가 함께 규칙을 만들어나가고 다 같이 지켜가는 우리 반이 자랑스럽다"

이처럼 학급 회의를 통한 교실 문제 해결의 경험은 학생들에게 스스로, 더불어, 더 나은 학급을 만들어간다는 자부심을 갖게 한다.

Tip | 루틴으로 문제 발견하기

학급의 문제를 교사가 알지 못하는 상황도 생기기 마련이다. 교실에는 교사의 시선을 벗어난 사각지대가 있고 교실 밖에서도 방과 후에도 문제가 발생할 수 있기 때문이다. 무슨 일이 있으면 선생님한테로 와 졸래졸래 말하는 저학년과는 달리 고학년은 일일이 말하지 않는다. 따라서 문제를 발견할 수 있는 체계를 루틴으로 세워놓는 것이 필요하다.

① 하교 쪽지 루틴

매일 하교 전 한 줄 쓰기만으로도 학생들의 마음상태, 사소한 문제들을 발견할 수 있다. "오늘은 슬픈 날이다"라고 쓴 학생이 있다면 따로 불러, 기분이 어떤지 물어보며 대화해 볼 수 있다.

② 이달을 돌아보며 루틴

나는 행복(하다, 하지 않다). 왜냐하면 _____ 때문이다.

나는 학교에 가고 (싶다, 싶지 않다). 왜냐하면 _____ 때문이다.

나는 5학년 2반의 _____ 다.

이번 달에 했던 활동 중에 가장 좋았던 것은 _____ 다.

선생님이 더 _____ 해주었으면 좋겠다.

매월 마지막 날 문장 완성하기 활동지로 한 달을 돌아본다. 하교 쪽지보다 긴 호흡으로 학생들의 속마음을 볼 수 있고 동시에 교사가 미처 알지 못한 문제들을 발견할 수 있다.

이름을 쓰지 않아도 됨을 사전에 알려주면 아이들은 더욱 솔직해진다. 이름 없이도 글씨체를 보면 누구인지 짐작할 수 있다.

〈예시)

1. 나는 행복(하다, 하지 않다)
   왜냐하면, (학교가는게 기대되기) 때문이다.

2. 학교는 가고(싶다, 싶지 않다)
   왜냐하면, (친구들과 선생님이 항상 있기) 때문이다.

3. 내가 기억하고 싶은 행복한 일은 (오늘 일어난 일들이)다.
   이유 : 이렇게 재밌고 힘들고 반복하며 보람찼기 때문이다.

4. 우리 가족은 (소중한 선물) 이)다.
   담임 선생님은 (나의 내비게이션) 이)다.
   우리반 친구들은 (나의 해피바이러스들) 이)다.

5. 나는 6학년 2반의 (자그만한 거미)다.

6. 선생님은 (내가 만난 초교의)선생님이다.

---

1. 나는 행복(하다, 하지 않다)
   왜냐하면, (친구들 때문에 행복하기) 때문이다.

2. 학교는 가고(싶다, 싶지 않다)
   왜냐하면, (친구들이 있기) 때문이다.

3. 내가 기억하고 싶은 행복한 일은 (여친 생겼을때 이)다.

4. 우리 가족은 나에 대해서 (잘 생각한다.)다.
   선생님은 나에 대해서 (모르는게 없는 것 같)다.
   친구들은 나에 대해서 (친구라고 생각한)다.

5. 나는 (5)학년 (3)반의 (0번이)다.

6. 담임 선생님은 (최고의)선생님이다.

1. 나는 행복(하다), 하지 않다)
   왜냐하면, (가족과 친구들이 있기   ) 때문이다.

2. 학교는 가고(싶다), 싶지 않다)
   왜냐하면, (아침에 일어나긴 싫지만 친구들과 선생님이 있기) 때문이다.

3. 이번 달에 기억에 남는 행복한 일은 (강아지와 산책한 것이)다.

4. 우리 가족은 나에 대해서 (한몸같이 소중하   )다.
   윤지영 선생님은 나에 대해서 (없어서는 안될 선생님이)다.
   친구들은 나에 대해서 (있으면 즐거운 친구들 이)다.

5. 나는 5학년 3반의 (자랑스러운 선생님의 제자)다.

6. 담임 선생님은 (재밌고 유쾌한   )선생님이다.

7. 선생님 이번 달에 했던 것 중에(놀이)가 좋았어요. 더 (놀이)해주세요.
   왜냐하면 (놀이를 하면 즐겁기   ) 때문입니다.
   선생님, (   )는 별로였어요. 왜냐면 (   )
   때문입니다.

8. 선생님, (떡개질)을 칭찬해주세요.
   이유 : 선생님은 우리에게 떡개질 품품이를 다 직접만들어서 나눠주고, 마음이

9. 이번 달에 했던 활동 중에 가장 즐거웠던 것은 (써클 놀이   )이다.
   왜냐하면 (재미있기   ) 때문입니다.

10. 내가 잘한 점은 (아이들과 친하게 지내기)입니다.
    내가 좀 더 노력해야할 점은 (수업시간에 집중하기)입니다.

11. 선생님께 하고 싶은 말을 간단히 써주세요.
    <u>선생님, 이런거 많이 해주세요 재미있어요 선생님 최고</u>
    에요 <u>노잼이 아니고 꿀잼 짱짱!</u> 👍

교사 주도의 문제 해결 사례

모든 문제 상황에 학급회의가 최선의 방법은 아니다. 다수가 공감할 수 있는 상황이 아니라면 교사가 주도적으로 해결책을 제시하는 것이 신속한 문제해결에 도움이 된다. 사례를 통해 알아보자.

> 교실에 컵스택은 2개뿐인데 하고 싶은 아이들은 많다. 쉬는 시간 종이 치면 9명의 남학생이 컵스택으로 달려간다. 컵스택 쟁탈전이 벌어진다. 가장 유리한 건, 컵스택 보관함 바로 옆 자리에 앉은 남학생 구름이다. 이번에도 컵스택은 구름이 차지한다.
> "선생님, 컵스택을 만날 구름이가 독차지해요. 자기 것도 아니면서, 선생님이 번갈아 하라고 하셨는데, 쟤는 양보를 안 해요. 먼저 찜한 사람이 임자래요."

교실의 컵스택은 2개뿐인데 하려고 하는 아이들은 9명이다. 모두가 아닌 9명의 남학생에 국한된 문제다. 상황에 대한 루틴을 교사가 정해주는 것으로 간단히 문제를 해결할 수 있다.

"컵스택 순서표를 만들어보자. 교실에 컵스택이 2개니까, 쉬는 시간에 2명만 할 수 있잖아. 1교시 후 쉬는 시간 2명, 2교시 후 쉬는 시간 2명 이런 식으로 이름을 써봐."

서로 양보하면서 사이좋게 놀면 좋겠지만, 아이들에게 쉽지 않은 일이다. 놀이 상황 속 문제는 꼭 생긴다. 고쳐야 할 것은 아이일까? 물론 아이의 이기심도 있으나, 상황의 문제도 있다. 좋은 상황을 만드는 것으로 문제를 개선할 수 있다. 숙제루틴을 예로 들어 본다.

상황의 문제 vs 사람의 문제

> (상황) 월요일 아침, 주말 숙제인 일기를 내고 있다. 숙제를 해오지 않은 학생들이 교사에게 온다.
>
> A학생 : 선생님, 숙제 못가지고 왔어요.
> 교사 : 못가지고 오다니? 왜?
> A학생 : 깜빡하고 숙제를 못했어요.
> 교사 : 그건 못 갖고 온 게 아니라 네가 숙제를 안 한 거야.
> B학생 : 선생님, 숙제를 집에 두고 왔는데요. 가지러 집에 갔다 와도 돼요?
> 교사 : 지금 다시 집으로 가는 건 안 되지.
> B학생 : 그럼 전화해서 엄마한테 갖다 달라고 하는 건 돼요?
> 교사 : 엄마 집에 계셔? 전화해서 부탁드려 봐 그럼.
> B학생 : 선생님, 전화기 좀 빌려주세요.

숙제를 다 해오기만 한다면 좋겠지만, 안 해오는 아이와 숙제를 놓고 오는 아이가 꼭 있다. 자초지종은 듣다보면 힘이 빠진다. 힘차게 시작해야 할 월요일 아침이 숙제로 인해 시작부터 한숨이 나온다.

숙제를 내는 상황이 왜 감정소모로 연결이 될까? 이유는 숙제를 해오지 않는 아이들의 행동 루틴이 없기 때문이다. 모두가 숙제를 내는데 혼자 가만히 있는 게 마치 시치미를 떼는 것 같아 불편하니, 교사에게 이유를 말하는 것이다. 문제는 상황이다. 숙제를 해오지 않는 아이들을 위한 루틴을 세워 해결할 수 있다.

Tip | 숙제 제출 루틴

....

① 숙제를 노란 바구니에 담는다.
② 숙제를 해오지 않은 사람은 자석 이름표를 칠판에 붙인다.
  다음날까지 숙제를 내면 자석 이름표를 스스로 뗀다.
③ 그 다음날까지 숙제를 해오지 않는 경우 남아서 하고 간다.

숙제를 제출하는 상황에 대한 루틴을 명확히 세우면, 아이들은 숙제를 해오지 않은 이유를 교사에게 구구절절 설명하지 않아도 된다. 교사도 "오늘 안 낸 사람 내일까지 내세요."라는 한마디만 해주면 된다.

좋은 상황을 만들고 정교한 루틴을 안내하면 교실 속 문제를 의외로 간단히 해결할 수 있다. 사람을 제어하기보다 루틴을 통해 상황을 제어하는 편이 더 효과적이다. 아이를 고치려고 하기보다는 상황에 따른 루틴을 만들어보자.

루틴으로 협상하는 아이

"글쓰기 안하면 안돼요?"

 루틴을 싫어하는 아이, 안 하겠다고 하는 아이들이 꼭 있다. 입이 툭 튀어 나온 채, 불만에 찬 눈빛으로 말하니 교사도 마음이 상한다.

 "자꾸 싫다, 싫다 하면 더 하기 싫어지는 거야."라고 되받아친 날도 있다. 아이의 부정적 감정과 태도에 영향을 받아 똑같이 돌려준 것이니, 내가 아이에게 끌려간 셈이다.

 루틴을 거부하는 아이, 양을 줄여달라고 협상하는 아이, 어떻게 해야 할까? 루틴을 출렁이게 하지 않기 위해서는, 마음이 상하지 않는 게 우선이다. 아이에게 휘둘리지 않아야 한다. 그런데 이게 말이 쉽지, 실제 상황에서 감정에 흔들리지 않기란 쉽지 않다. 이때 마음속으로 이렇게 말하는 것도 방법이다.

'그래! 내가 너보다 나이가 몇 살이 많은데, 애랑 똑같아지지 말자.'

아이의 부정적 감정에 휘둘리지 않는 평정심이 필요하다. 루틴으로 협상을 하려고 하는 아이는 공격형이 많다. 2장에서 살펴본 공격형 아이와의 대화법에 따라 다음과 같이 말해보자.

Tip | 루틴으로 협상하는 아이와의 대화

① 마음 알기

"하기 싫을 수 있지. 네 마음은 알겠어."

② 대안 제시

"그런데 아예 안할 수는 없어. 우리 반의 일과니까. 대신 네가 정 힘들다면, 양 조절은 가능해. 어느 정도라면 해 볼만 하겠어?"

③ 태도 교정

"네 마음은 알겠는데, 안하면 안 되냐는 게 선생님 입장에서는 불평처럼 느껴져. 너만이 아니라 우리 반이 다 같이 하는 거라서, 분위기에도 좋지 않아. 앞으로는 안 한다는 말 대신, 대안을 말해줘."

"선생님, 개학식인데 오늘도 공부해요?"

오늘은 개학식이다. 수줍게 교실로 들어오는 아이들.

"어서 와~"

"너 키 컸다!"

"새까맣게 탔네. 물놀이 많이 했나봐."

반가움에 이것저것 물었지만, 아이들은 짧은 답을 하고 친구에게로 간다. 오랜만에 만난 친구들과 재잘대며 까르르 웃는다. 사춘기에 접어들어 또래와의 관계가 중요할 때인지라, 아이들의 관심은 온통 친구다. 방학 때 뭐했는지부터 시작해서 좋아하는 아이돌 이야기로 아이들의 수다가 이어진다.

"얘들아, 쌤 방학 때 베트남 다녀왔어!"

"아 그래여?"

"응, 너희 주려고 과자 사왔어."

과자라는 말에 나에게도 관심을 준다. 삼삼오오 수다 삼매경에 빠졌던 아이들도 내게로 다가온다.

"망고랑 코코넛 젤리거든. 둘 중에 골라~ 지금 먹어도 돼!"

먹고 나니 곧장 친구를 찾아 나서지만, 어쨌건 과자를 갖고 가기 위해서라도 나에게 들려주니, 그게 어딘가.

"쌤, 근데요, 오늘 개학식이자나여. 4교시 하자나여. 근데 오늘 공부해여?"

아이의 마음을 번역하자면 '오늘 개학식이라 4교시하는 유일한 날인데, 오늘까지 공부하는 건 아니죠?'일 테다. 아이들 마음은 다 똑같겠지. 그럴 줄 알고 오늘은 방학 중 있었던 이야기도 나누고 2학기 교과서도 살피려 했는데, 아이들과 마음이 통했나보다.

이제 막 사춘기에 접어든 아이들은 교사가 한 걸음 다가가려고 하면 두 걸음 물러선다. 또래 문화가 강하다보니, 교사에게도 배타적이다. 그래서 고학년 담임을 하면 아이들과의 거리를 좁히는 과정이 필수다. 농담도 던지고, 안 되는 몸 개그에, 아이들 앞에서 망가짐도 불사해가며 다가가는 노력을 1학기 내내 한 것 같다. 2학기가 되면 그래도 열매가 맺힌다. 하이파이브 하자는 내 손뼉 앞에 가위를 내며 이겼다고 하는 너스레를 떨기도 하고, 누가 쌤 먼저 웃기나 내기를 걸기도 한다. 서로 농담을 주고받으며 웃음꽃이 피는 게 교실의 일상이 됐다.

올해로 15년차, 오래도록 잊히지 않는 건 바로 아이들과 나눴던 대화다. 아이들도 그렇겠지. 초등학교 선생님께 뭘 배웠는지는 잊어도, 교실 속에서 나눈 대화와 웃음은 오래도록 기억할 것이다.

밤새 게임하느라 지각하는 아이

구름이는 지각이 잦다. 늦잠을 자서 어쩌다 한번 지각하는 것이
아니다. 매일 밤늦게까지 게임을 하고, 그러다 보니 매일 아침 일
어나질 못한다. 충분히 잠을 못자서인지, 학교에 와서도 꾸벅꾸벅
졸고, 어떤 날은 아예 엎드려 자기도 한다. 게임으로 인해 일상의
루틴이 깨진 아이, 어떻게 해주면 좋을까?

"왜 매일 아침 일찍 일어나서 학교에 와야 하는지 모르겠어요."
"매일 게임만 하고 싶어?"

"그럼 안돼요?"
"안 되고말고. 게임하고 싶다고 매일 게임만 하면, 넌 게임만 하

는 사람이 되는 거야. 게임 안하고 못사는 사람이 될 수도 있어. 그게 좋아? 그런 너를 좋아할 수 있니? 그런 너를 아껴주면서 평생을 살 수 있어?

맛있다고 사탕만 먹으면 이빨 다 썩어. 사탕은 간식이야. 게임이 당장의 재미는 주지만 그때뿐이야. 재미만으로 일상을 채우려고 하지 마. 좋아하는 건 안 말려. 취미로 해. 일상의 전부가 아니라 일부로. 하루 종일이 아니라 시간 정해 놓고 해.

일상은 네가 너를 더 좋아할 수 있도록 만들어야 돼. 그건 너 혼자 할 수가 없어. 네 일상을 더 나아지게 할 좋은 습관을 혼자 힘으로 만들기에 네가 아직 어려. 너에게 학교와 선생님이 필요한 이유야. 그러니까, 매일 학교에 와야 해."

게임이 하고 싶지만, 게임만 하는 자신이 마음에 들지 않은 게 아이의 속마음이다. 안 된다는 통제 대신, 스스로 통제할 수 있는 힘을 키워주자. 스스로 통제할 수 있는 아이는 결코 중독으로 가지 않는다.

Part. 4
자율교실의 수업

교사가 기회를 주면, 아이들은 경험을 얻습니다.
기회를 주는 것은 아이의 자율성을 깨우는 일입니다.
뭐든 다 해주어야 친절한 교사는 아닙니다. 아이들이 스스로 할 수 있는 일이라면,
해볼 기회를 주는 것 또한 친절입니다.
학생을 유능하게 만드는 교사 또한, 유능한 교사입니다.

기회를 줘야
스스로 한다.

기회를 주면
아이는 경험을 얻는다

왜 기회디자인인가

 6학년 담임을 하던 해의 일이다. 가정통신문을 등사실에서 찾아와서 반별로 나눠주는 것이 내가 맡은 학년 업무였다. 지금이야 모바일 앱으로 대체가 되지만, 당시만 해도 매일같이 종이통신문을 가정으로 보냈다. 적게는 1-2장에서 많으면 8-9장까지 됐다. 가정통신문 무더기를 들고 반별로 돌며 간지가 끼워져 있는 부분까지 배부하는 심부름이 우리 반의 일상이었다. 아이들은 통신문을 전달하는 심부름하는 걸 좋아했다.

 그날도 반장, 부반장으로 손이 모자라 몇몇 심부름을 가고 싶어 하는 아이들의 손에 가정통신문 더미를 얹어줬다. 그런데 한 녀석이 계속 오질 않았다. 반장과 부반장은 임무를 끝내고 번개같이 교실로 돌아왔고 다른 아이들도 속속 왔는데 한 아이가 오질 않았다. 한참

만에 교실로 온 아이에게 곧장 물었다.

"왜 이렇게 늦게 왔어?"

"아, 그게요. 한 개가 남았는데 어느 반을 안 준건지 몰라서 왔다 갔다 했어요."

1반부터 차례로 돌면서 6반까지 전달해야 하는데, 심부름 경험이 없던 이 학생은 순서 없이 갔다. 그러다보니 어떤 반을 안간지 몰라 해매다 늦은 것이다. 결국 그 통신문은 한 반이 못 받았고 다른 한반이 두 개를 받았다. 메신저로 선생님들과 이야기를 주고받아 수습했고, 나는 속으로 생각했다.

'괜한 일로 동학년 선생님들을 번거롭게 해드렸네. 앞으로 심부름은 반장, 부반장을 시켜야겠다.'

그 무렵 도덕시간, 「공정」이라는 덕목을 배우는 데 교과서의 사진 하나가 눈에 띄었다. 경기장에서 키 작은 아이와 키 큰 아이에게 동일하게 받침대를 주는 건 '평등'이고, 키 작은 아이에게는 높은 받침대를, 키 큰 아이에게는 낮은 받침대를 주는 게 '공정'이라는 의미의 그림이었다.

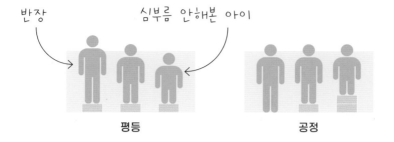

반장

심부름 안해본 아이

평등　　　공정

　이 그림을 보는데 속이 얹힌 듯 했다. 키 작은 아이는 심부름 안 해본 아이, 키 큰 아이는 반장아이로 보였기 때문이다. 학급 임원 선거는 보통 3학년부터 하는데 한번 임원으로 뽑힌 아이는 그 다음 해에도 뽑히는 경우가 많다. 가정통신문을 전달하는 심부름을 반장인 학생은 수없이 많이 했을 테다. 반면 심부름에 서툰 아이는 반장을 해본 경험이 없다. 심부름을 많이 안 해봤을 테고 그래서 전달이 미숙했던 것이다. 그런데 나는 아이들의 차이를 고려하지 않고 심부름의 방법을 똑같이 했다. 평등한 기회를 줬지만 공정하지는 않았다.

　나는 그때까지 내가 공평하고 공정한 교사라 여겼다. 내가 훌륭한 교사라는 생각은 안했지만, 스스로 공정하다 여겼는데 그 생각에 의문이 들었다. '내가 공정하지 않구나. 내가 한 건 평등이고, 공평하지 않았구나.'라는 생각. 어떻게 해야 할까, 어떻게 하면 공정한 교사가 될 수 있을까 고민했다.

　그러다 그 학생에게 다시 심부름을 시킬 기회가 생겼고, 나는 평소와는 다르게 했다. 가정통신문 더미를 주지 않고 한 반치를 주면서 "이거 6학년 1반 갖다드리고 오렴!" 그리고 아이가 1반에 갔다가 돌아오면 "이건 6학년 2반 드리고 오고" 이런 식으로 기다리고 주고를 반복했다. 아이는 심부름을 잘하고 왔다. 그런 방식으로 여러 번 하자 아이가 내게 말했다. "선생님, 두 개 같이 주세요. 5, 6반 한꺼번에 다녀올게요." 그리고 나중에는 가정통신문 더미를 한꺼번에 줘도 1반부터 돌아가며 능숙하게 전달했다. 기회를 주냐 안주냐의 차이가 아니라 기회를 어떻게 디자인 하는가에서 비롯된 결과였다.

반장 경험이 많은 아이건 반장 경험이 없는 아이건, 외향적인 아이건 소극적인 아이건, 누구나 소외되지 않고 차별받지 않는 공정한 기회를 만드는 것은 아이들이 스스로 할 수 없는 일이다. 교사의 기회디자인이 필요하다. 능력 차이에 따라 조건을 달리한 기회를 주는 것, 조건의 평등을 만들어 주는 것이 교사가 할 역할이다.

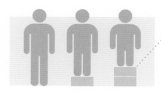

기회디자인이란?

학생의 능력 차이에 따라 조건을 달리한 기회를 만드는 교사의 계획적이고 강력한 통제

자율교실의 두 가지 축은 대화 그리고 통제다. 대화다운 대화, 그리고 꼭 필요한 통제가 아이의 자율성을 키운다. 기회디자인은 꼭 필요한 통제다. 교사의 계획적이고 강력한 통제가 있을 때 아이들은 누구나 해볼 수 있는 기회, 자신의 능력을 펼칠 수 있는 기회를 얻을 수 있다.

기회가 필요한 이유

교사가 기회를 주면 학생들은 ▮▮▮▮▮ 을 얻는다.

네모 안에 들어갈 단어는 무엇일까? 교사가 기회를 주면 학생은 무엇을 얻을 수 있을까? 교사가 준 기회를 통해 학생이 얻는 것은 바로, 경험이다. 교사가 기회를 주면, 학생은 경험을 얻는다.

학생은 경험을 통해 배운다. 학생들에게는 경험이 필요하다. 교사는 경험의 근간이 되는 기회를 학습자에게 많이 주어야 한다. 그럼, 학생들에게 어떤 경험을 만들어주어야 할까?

교실은 ▮▮▮▮▮ 성공과 ▮▮▮▮▮ 실패를 경험하는 곳이다.

네모 안에 들어갈 수 있는 형용사를 떠올려 보자. 교실에서의 성공과 실패는 어떠한 모습이어야 할까? 나는 교실이 작은 성공과 안전한 실패를 경험할 수 있는 곳이라고 본다.

초등학생에게는 거창한 성공이 아닌 일상의 사소하고 작은 성공의 경험이면 충분하다. 또한 초등학령기는 안전한 실패를 경험할 최고의 시기다. 초등학교 1학년 때 받아쓰기를 못했다고 해서 입시로 연결되는 것은 아니고, 초등학교 때 친한 친구가 없었다고 평생 친구를 못 사귀는 것도 아니다. 초등 시기의 실패는 인생에 미치는 타격이 거의 없고, 그래서 안전하다고 할 수 있다.

성공 경험도 실패의 경험도 모두 유익이다. 교사는 기회를 만들어 주는 데 있어서 학생들에게 작은 성공과 안전한 실패를 경험하게 해 주는가를 생각해 보아야 한다.

시키는 것과 기회를 주는 것의 차이

시키는 것과 기회를 주는 것은 다르다. 시키는 것은 "청소해", "여기 닦아"라는 지시지만, 기회를 주는 것은 "물티슈로 칠판 닦는 거 해 보고 싶은 사람?", "대걸레 할 사람?"이라고 묻는 의문문이다.

시키는 것과 기회를 주는 것은 결과도 다르다. 시켜서 한다면 아이는 명령에 복종하게 된다. 기회를 준다면, 스스로 선택하고 행동으로 옮길 수 있다. 기회는 아이의 자율성을 자라게 하지만, 시키면 아이는 수동적이 된다. 그러니 기회를 줄 때, 교사는 미안해하지 않아도 된다. 교사가 편해지는 건 덤일 뿐, 기회는 그 자체로 아이들을 위한 일이기 때문이다.

	시키는 것	기회를 주는 것
선택권	없다	있다
	꼭해야 한다.	원하지 않으면 안 해도 된다.
교사	학생에게 지시	학생에게 의견을 묻고 선택을 존중
	~해. 얼른 해.	~해볼래?
학생	명령에 복종	기회를 선택
	수동적, 의존적, 무력감	능동적, 유능감, 성취감

기회를 통해 자라는 아이들

기회를 주는 것과 시키는 것의 차이를 학예회 교실꾸미기를 사례로 알아보자. 만약 "학예회 교실 꾸미는 거, 너희들이 다 알아서 해!"라고 한다면 지시다. 아이들에게 선택의 기회가 없기 때문이다.

"학예회 교실 꾸미는 거, 하고 싶은 사람은 칠판에 이름표 붙이세요."라고 의향을 묻는 것이 기회를 주는 것이다. 할 수도 있고 안할 수도 있는 선택이 아이들에게 있다.

기회를 준다고 해서 선뜻 행동으로 옮기지 못하는 학생들도 많다. 어떤 결과가 나올지 불안하고, 잘할 자신이 없다보니 머뭇거린다.

"선생님, 저 학예회 교실 꾸미기 하고 싶은데요, 하다가 망치면 어떻게 해요?"

"괜찮아. 잘하고 못하고가 없어. 선생님도 손재주가 없지만 도와줄게."

"못해도 괜찮고, 선생님도 못하지만 도와준다"는 말을 발판 삼아 학생들이 자신의 능력을 펼칠 수 있기를 바랐다. 그리고 학생들은 학예회를 위한 교실 환경을 멋지게 완성했다. 교실 앞, 뒤뿐만 아니라 복도, 청소 점검, 풍선아트까지 모두 힘을 합쳐 해냈다. 나는 그저 풍선, 색지, 가랜드 등 아이들이 필요하다고 요청한 준비물을 사다 준 심부름을 했을 뿐이다.

뭐든 다해주는 교사가 친절한 교사인 것은 아니다. 아이들이 할 수 있는 일이라면 해볼 기회를 만들어주는 것도 친절이다. 유능한 교사와 있다면 편할 수는 있지만 아이들이 자신의 능력을 펼칠 기회는 줄어든다. 교사가 다 할 수 있는 일이라도, 아이들에게 기회를 주자. 진짜 유능한 교사는 학생을 유능하게 만드는 교사다.

기회디자인의 결과
1. 작은 성공과 안전한 실패의 경험
2. 유능한 학생, 여유로운 교사
3. 뭐든 해보는 교실 문화

기회디자인,
네 가지만 기억하자

2010년, G20정상회의가 서울에서 개최됐다. 폐막 당시 연설을 마친 오바마 대통령은 훌륭한 개최국 역할을 해준 한국에 감사를 표하며, 마지막 질문의 기회를 한국인 기자에게 주었다. 그런데 한국인 기자는 아무도 질문하지 않았다. 당시 이 사례는 질문이 없는 교실, 대한민국 교육의 문제로 여러 차례 회자되었다.

그런데 교육의 문제로 논의를 확대하기 전에 우선 오바마 대통령의 질문 방식을 살펴보아야 한다. G20 가운데 한국인 기자는 활발하게 질문을 던졌다. 그런데 유독 마지막 질문에서만 질문을 하지 못했다. 마지막 질문의 기회를 주는 방식과 상황이 다른 때와 달랐기 때문이다. 한국에 대한 고마움으로 기회를 한국인 기자로 제한한 것이 도리어 부담을 준 것이다. 좋은 질문을 해야 한다는 압박감, 한국을 대표하는 질문이라는 무게감, 질문에 대한 평가에 대한 부담감이 질문 기회를 포기하게 만든 것은 아닐까.

결국 오바마 대통령이 준 질문의 기회는 중국인 기자에게로 넘어갔다. 기회를 준다고 다 하는 것은 아니다. 기회를 주는 방식에 따라 기회를 얻을 수도 기회를 포기하게 될 수도 있다. 기회를 주는 방식, 곧 기회디자인에 따른 차이다.

교실에서 손들고 발표하는 상황도 이와 비슷하다. 교사가 발표의 기회를 줘도 하는 아이만 하고 안하는 아이는 손을 안 든다. 어떤 평가를 받을지에 관한 부담이 되고 틀릴까봐 불안하니 스스로 발목을 잡아 자신을 주저앉힌다. 가만히 있으면 중간이라도 간다는 걸 경험으로 깨달은 아이들이 많다.

따라서 기회디자인에도 전략이 필요하다. 학생 한명이 기회를 독점하지 않고, 학생들이 심리적 부담감을 느끼지 않는 환경을 만들어야 한다. 모두에게 골고루 기회가 돌아가도록, 기회가 불편하지 않도록 교사의 강력한 통제와 계획이 필요하다. 횟수, 과정, 결과, 효율의 4가지 측면에서 기회디자인의 전략을 살펴본다.

기회디자인의 4전략	
1. 횟수 : 동일한 기회	2. 과정 : 편안한 기회
3. 결과 : 안전한 기회	4. 효율 : 생산성 높은 기회

횟수·과정·결과·효율 네 가지만 기억하자

① 횟수 : 동일한 기회

첫째, 횟수다. 학급 학생들이 모두 동일한 횟수의 기회를 얻는 게 이상적이다. 모두에게 똑같이 기회를 주기가 현실적으로 어렵다면, 적어도 특정 학생이 기회를 독차지하지 않도록 디자인한다.

발표 상황을 예로 들어보자. 만약 "발표할 사람 손들어보자"라고 거수, 지명의 방식으로 한다면, 손을 들어야 기회를 얻을 수 있다. 손을 들지 않은 학생은 발표의 기회를 얻지 못하고, 손을 드는 몇몇 학생들이 발표의 기회를 독점하게 된다. 횟수의 측면에서 잘 된 기회 디자인이라고 할 수 없다.

② 과정 : 편안한 기회

둘째, 과정이다. 학생들이 심리적 부담감을 느끼지 않아야 한다. G20에서 질문의 기회를 주었음에도 한국인 기자 중 누구도 질문하지 못한 것도 마음이 편치 않았기 때문이다.

발표의 과정을 예로 들어보자. 손을 들고 모두 앞에서 일어나 말하는 방식은 부담이 된다. 내성적인 성향의 아이라면 더욱 주목이 불편하다. 과정의 측면에서 잘 된 기회디자인이라고 할 수 없다.

손들고 발표하는 대신 짝에게 의견을 말하라고 하면 어떨까? 친구들 앞에 서서 말하기는 수줍지만, 짝이나 모둠 친구들 앞에서 말하는 것은 부담이 덜하다. 이것이 정서적 편안함을 주는 기회디자인이다.

③ 결과 : 안전한 기회

셋째, 결과다. 어떠한 일을 하는데 있어서 그 결과에 대한 책임을 온전히 져야 한다면 학생들은 망설이게 된다. 시도하는 한걸음을 떼기 어렵다. 학생들이 결과에 대한 책임으로부터 자유로운, 안전한 기회를 주어야 한다. 잃을 게 없어야 도전한다.

발표의 결과를 예로 들어보자. '틀리면 어쩌지', '틀렸다고 망신을 당하면 어쩌나'하는 기회가 초래할 결과에 대한 예상 때문에, 많은 아이들이 손을 들지 않는다. "틀려도 괜찮아", "자기 생각을 말하면 돼, 용기를 내"라고 말해줄 수 있다. 또 아예 틀릴 수 없는 질문을 하는 것도 좋은 방법이다. 오답이 없는 열린 질문을 한다면, 아이들은 결과에 대한 평가로부터 자유로울 수 있다. 결과에 대해 안전함을 주는 기회디자인이다.

④ 효율 : 생산성 높은 기회

넷째, 효율이다. 수업시간은 40분으로 제한되어 있다. 해야 할 일은 많고 가야할 목적지는 멀다. 학생에게 기회를 많이 주고 싶지만, 학생에게 내어줄 수 있는 시간이 무한정 있지 않다. 짧은 시간에 가능하면 많은 학생에게 기회를 주는 디자인이 필요하다. 기회의 생산성이 높을수록 좋은 기회디자인이다.

발표의 효율을 보면 거수-지명-발표는 기회의 생산성이 낮다. 손을 들고 지명을 하는 데에 상당한 시간이 걸리기 때문이다. 또 일어나서 발표하는 데도 시간이 많이 걸린다.

거수-지명 대신 학생들이 각자의 생각을 써서 칠판에 붙인다면 어떨까? 동시다발적으로 써서 그걸 칠판에 공유한다면 시간을 단축시킬 수 있다. 말 대신 글로 기회의 매체를 바꾸고, 일어나고 앉는 대신에 칠판에 붙이는 것으로 기회의 방식을 바꾸었을 때 기회의 생산성은 획기적으로 향상된다.

교사는 기회디자이너다

횟수, 과정, 결과, 효율 4가지 요소를 고려하여 기회디자인을 해보자. 모두에게 동일한 기회인지, 과정 속에서 불안을 주지 않는지, 결과에 대해 안전함을 느끼게 하는 기회인지, 기회의 생산성이 높은지 질문해본다.

	기회디자인의 4전략을 확인하는 질문
횟수	모두에게 동일한 기회인가? 소수에게 기회가 독점되지는 않는가?
과정	편안함을 주는 기회인가? 심리적 불안을 주지는 않는가?
결과	안전함을 느끼게 하는 기회인가? 결과에 대한 부담을 주지는 않는가?
효율	기회의 생산성이 높은가? 같은 시간에 많은 학생에게 기회를 줄 수 있는 방법인가?

교사는 기회디자이너다. 동일한 기회, 편안한 기회, 안전한 기회, 생산성 높은 기회를 디자인해보자.

기회디자인의 사례 분석

실제 교실에서 빈번하게 마주할 수 있는 사례에 위의 4가지 질문을 적용해보고, 기회디자인이 잘 됐는지 분석해본다.

자기소개

> (3월 첫날) "돌아가면서 자기소개를 해 봅시다. 한 사람씩 앞에 나와서 할게요. 친구들에게 좋은 인상을 남길 수 있도록 멋지게 자기소개를 해보세요."

첫째, 모두에게 동일한 기회인가? Yes. 한 사람씩 돌아가면서 한번씩 자기소개를 하기 때문에 기회의 횟수는 동일하다.

둘째, 편안함을 주는 기회인가? No. 낯선 친구들과 선생님 앞에서 내 소개를 한다는 것의 심리적 부담은 크다. 거기에 앞에 나와서 하는 것은 더욱 부담스럽다.

셋째, 결과에 대해 안전한 기회인가? No. 좋은 인상을 남겨야 한다고 생각하면 실수하면 안 될 것 같다.

넷째, 기회의 생산성이 높은가? No. 한 명씩 돌아가며 자기소개를 하는 데 한참이 걸린다. 자신의 차례가 돌아올 때까지 긴장한 나머지 친구들의 소개를 듣는 것에 집중하기 어렵다.

기회디자인의 4전략에서 횟수를 제외한 나머지 조건을 만족하지 못한다. 좋은 기회디자인으로 보기 어렵다.

자기소개를 하지 않는 것도 기회디자인이다. 자기소개를 할 때 이름을 말하지만, 다 외울 수 없다. 게다가 본인의 차례가 돌아올 때까지 떨려서 머릿속에 남는 게 없다. 자기소개를 대신해서 어색함을 깰 수 있는 놀이 활동으로 기회를 디자인 할 수 있다. 첫 만남에서 자기소개가 필수는 아니다. 지내면서 자연스럽게 알아갈 수 있다.

미술 작품 게시

> (미술시간) 작품을 완성한 아이들은 선생님께 낸다. 교사는 제출한 학생을 명렬표에 표시한다. 안 낸 학생들을 확인하고 내도록 안내한다. 수합을 마치면, 교실 뒤 게시판에 붙인다.

모두에게 동일한 기회인가? No. 교사가 작품 게시의 기회를 독점하고 있다. 기회의 생산성이 높은가? No. 교사가 수합하고 게시하기까지 시간이 많이 걸린다. 기회의 횟수가 동일하지 않고, 기회의 생산성 또한 낮다. 좋은 기회디자인이라고 볼 수 없다.

미술 작품 게시에 대한 기회디자인, 어떻게 할 수 있을까? 교실 뒤 게시판에 학생별 자리를 지정해주고, 스스로 자신의 작품을 붙이는 것도 좋은 방법이다.

모두에게 자신의 자리가 주어지기 때문에 기회의 횟수는 동일하다. 키 큰 학생은 게시판의 위쪽, 작은 학생은 아래쪽으로 체격을 고려하여 자리를 정해준다면 학생은 정서적 편안함을 느낄 수 있다.

스테이플러나 압정을 사용할 경우, 사용법을 알려주고 안전지도도 철저히 해야 한다. 줄과 열을 맞추지 않아도 괜찮고, 삐뚤빼뚤해도 괜찮다고 한다면 아이들은 결과에 대한 부담을 느끼지 않을 것이다.

교사 혼자 붙이려면 한참이지만 학생들이 스스로 자신의 작품을 붙인다면 뚝딱 끝낼 수 있다. 학생별로 자리가 정해져있기 때문에 누가 했는지 안했는지도 바로 알 수 있다. 제출한 학생이 누구인지 별도로 체크하는 수고를 덜 수 있다. 기회의 생산성이 높다.

횟수, 과정, 결과, 효율의 4가지 전략대로 기회디자인을 하면 학생은 능력을 펼치고 교사도 편해진다.

학생들은 교실 속 꽤 많은 일들을 스스로 할 수 있다. 교사의 역할은 학생이 못하는 것을 대신해주는 것이지, 학생이 할 수 있는 일을 대신해주는 것이 아니다. 교사가 모든 것을 다하지 않아도 된다. 학생이 스스로 할 수 있는 일이라면 해볼 기회를 주고 방향을 제시하는 것도 교사의 역할이다.

교사가 학생을 성장으로 이끄는 데는 다양한 방법이 있다. 학생들과 책임을 나누고, 과정을 안내하고, 기회를 주는 것으로 학생의 자율성을 자극할 때, 교사는 편해지고 학생들의 자율성이 높아진다. 학

생들의 가능성을 열어줄 수 있는 기회디자인을 통해 아이들은 자신
의 능력을 발견하고 발전시켜 나갈 것이다.

궁금한 이야기 | 기회디자인의 근거

처음 기회디자인이라는 용어를 만들고 4가지 전략에 맞게 수업을 준비하면서,
'이렇게 하는 게 맞을까?'에 대한 확신이 필요했다. 그리고 2015 개정 교육과정
과 학습 효과에 대한 연구에서 기회디자인의 근거를 찾을 수 있다.

① 2015 개정 교육과정

> 성격 : 학생의 자율성과 창의성을 신장하기 위한 학생 중심 교육과정이다.
> 교육과정 구성의 중점 : 교과 특성에 맞는 다양한 학생 참여형 수업을 활성
> 화하여 자기주도적 학습능력을 기르고 학습의 즐거움을 경험하도록 한다.

학생 스스로 해볼 수 있도록 기회와 권한을 주는 기회디자인은 교육과정이 추
구하는 학생중심의 교육, 학생 참여형 교육에 부합한다.

② 학습효과 피라미드

출처 : 미국행동과학연구소 (National Training Laboratories)

교사 중심의 강의보다 학생 참여 수업의 학습효과가 월등히 높다. 교사에게 편
중된 기회와 권한을 학생에게 나눠주는 기회디자인이 필요한 두 번째 이유가
여기에 있다.

모두에게 균등한 기회를 주는
수업구조 디자인

고학년 담임교사의 어려움 중의 하나가 바로 수업 연구다. 학년이 올라갈수록 교과목의 수도 많아지고 난이도도 높아진다. 매 차시마다 수업 내용이 다르고, 분량 또한 많기 때문에 교사의 부담도 커진다. 6학년 담임을 맡은 해, 수업 연구를 하다보면 퇴근 시간을 넘겼다. 오늘의 수업을 마치고 나면 곧장 내일의 수업을 준비해야 하는 하루살이와 같은 일상이었다. 해도 해도 수업 준비가 줄어들지 않았다. 그런데 심혈을 기울여 준비를 했건만, 아이들은 심드렁했다. 수업연구는 힘들었지만 보람이 없었다.

수업 연구의 두 가지, 내용과 구조

수업 연구는 크게 2가지 차원이다. 수업 '내용'에 대한 연구, 그리고 수업 '구조'에 대한 연구다. 수업구조 연구란 학생의 성향과 능력, 특성에 맞는 수업의 구조가 무엇일지에 대한 고민이다. 수업내용 연구가 어떻게 '설명'할까에 관한 연구라면, 수업구조 연구는 학생들과 어떻게 '소통'할까에 대한 연구다. 수업내용 연구가 교사 혼자 하는 '공부'라면 수업구조 연구는 학생에게 고르게 기회가 갈 수 있도록 균형을 맞추는 '기회디자인'이다. 수업내용 연구는 끝이 없지만, 수업구조 연구는 끝이 있다. 매 차시마다 수업 내용은 바뀌지만 수업의 구조는 강의식, 모둠, 원 등으로 일정하기 때문이다.

	수업내용 연구	수업구조 연구
연구의 대상	수업내용	학생의 성향, 능력, 특성에 따른 수업구조
	과목별, 차시별로 바뀜	강의, 모둠, 원 등 일정
연구의 방향	어떻게 설명할까?	어떻게 소통할까?
	교사의 일방향 전달	학생과의 쌍방향 상호작용
연구의 과정	공부	기회디자인
연구의 결과	끝이 없음	끝이 있음
교사의 역할	지식 전달자	기회디자이너

초임교사 시절 나는 수업내용 연구에 집중했다. 어떻게 설명을 할지, 내용에 대한 공부를 했다. 학생들에 대한 고민이 빠진 교사 혼자만의 열심이었기 때문에 수업에서 학생과 소통이 잘 되지 않았다.

기회디자인을 시작하면서 수업연구의 방향을 내용에서 구조로 바꿔나갔다. 나는 덜 바빠졌지만, 아이들은 더 배우기 시작했다. 내 수업 능력 부족이 아니라 수업에 대한 접근 방식의 문제였다.

수업 기회디자인

수업의 많은 기회가 교사에게 편중되어 있다. 학생들은 교사의 허락 없이는 의견을 밝힐 수 없고, 칠판도 쓸 수 없다. 인위적으로 학생에게 기회와 권한을 넘겨주지 않으면 교사주도의 수업이 되기 쉽다. 교사에게 편중된 기회를 학생에게 나누어 기회의 균형을 맞추는 것이 필요하다. 학습자가 수업 속에 적극적으로 참여할 수 있도록 계획하는 것이 수업 기회디자인이다.

수업 기회디자인		
교사중심수업	→	학생중심수업
강의식 수업	→	모둠학습, 협동학습, 토의토론학습
거수, 지명, 발표 학급회의	→	학급서클회의

교실 속 수업 구조는 다양한데, 그 중 강의식, 모둠, 마주짝, 원, '이 사람을 찾아라'의 5가지를 빈번하게 적용할 수 있다. 여기에 새롭게 생겨난 줌 수업의 구조를 추가하여 6가지 수업구조를 알아본다. 각각의 수업구조를 기회디자인의 4전략인 횟수, 정서, 결과, 학습효율의 4가지 측면에서 분석하여 본다.

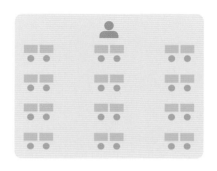

강의식 구조

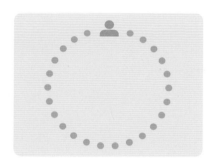

모둠 구조

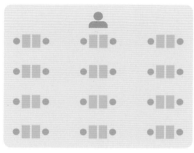

물레방아 마주 짝 구조

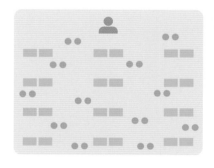

원 구조

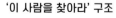

'이 사람을 찾아라' 구조

줌 수업구조

강의식 구조

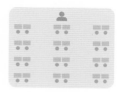

학생들이 일제히 교사를 바라보도록 책상을 교실 앞쪽, 교탁을 향해 배치한다. 교사가 설명을 하고 학생은 듣는다. 교사는 능동적이고 듣는 학생은 수동적이다. 강의를 끌고 가는 사람의 영향력이 지배적인 구조다.

① 기회의 횟수

말할 기회가 교사에게 집중된다. 수업의 많은 부분을 교사가 설명으로 끌고 가다보니 학생이 얻을 수 있는 기회가 제한적이다.

② 정서적 편안함

학생이 앉아서 교사의 설명을 듣는 것은 편하긴 하나, 동시에 지루하기도 한다. 강의식 설명의 사이사이에 짝에게 배운 것 말해보기, 모둠원끼리 돌아가며 생각말하기 등으로 구조의 변형을 줄 수 있다.

③ 결과에 대한 안전함

설명을 듣고만 있으면 되니 학생들로서는 부담이 없다. 하지만 집중하지 않고 흘려듣는 일도 생긴다. 강의 후 내용에 대한 형성평가를 하거나, 설명을 들은 후 퀴즈나 골든벨 등의 활동으로 연결할 수 있다. 후속 활동과 연계한다면 강의의 집중력을 높일 수 있다.

④ 학습효율

강의식 수업에서 가장 많이 배운 사람은 학생이 아닌 직접 설명을 하는 교사일 것이다. 듣기만 하는 학습은 학습효율이 낮은 편이다.

강의식 구조가 학습효율이 낮다고 해서 설명 위주의 수업을 지양해야 하는 것은 아니다. 지식을 경험을 통해 배울 수는 있지만, 시간이 많이 걸린다. 강의는 짧은 시간에 많은 지식을 알려줄 수 있다. 특히나 수학이나 사회, 과학의 교과의 개념 전달에 있어서 교사의 명확한 설명은 매우 중요하다.

대화가 좋은 수업을 만든다

강의 구조에 있어서, 교사는 준비할 게 많다. 내용 지식에 대한 숙지와 함께 유머, 수업 장악력 등도 수업에 영향을 미치기 때문이다.

그런데 특별한 기술 없이도 강의를 잘 끌고 갈 수 있는 비법이 있다. 바로 학습자와의 좋은 관계다. 아이들이 평소 선생님을 잘 따른다면 강의식 수업도 잘 따라온다. 아이들과의 대화가 일상이 된다면, 수업에서의 소통도 원활할 수 있다.

모둠 구조

협동학습에서 많이 채택하는 구조다. 4인 1조로, 앞에 앉은 두 학생은 책상을 마주보는 마주 짝, 뒤의 두 학생은 책상을 나란히 놓는 어깨 짝으로 앉는 것이 보편적이다.

① 기회의 횟수

모둠 학습에 있어서 교사가 가장 신경 써야 할 점이, 바로 모둠구성원에게 골고루 기회를 돌아가도록 구조화하는 일이다. 교사가 아무런 규칙도 정해주지 않고 맡겨둔다면 어떨까? 아무것도 하지 않으려는 무임승차 학생이 생기고, 혼자서 책임을 떠맡아야 하는 학생도 생긴다. 또 소극적인 학생보다 외향적인 학생에게로 기회가 쏠리기 쉽다. 학생들은 스스로 기회의 균형을 맞추지 못한다.

기회의 횟수를 맞추기 위해서는 교사의 통제가 필요하다. 번갈아가며 사이좋게 이야기하라고 하기보다, 모둠원의 번호를 정해 1번부터 4번 순서로 돌아가도록 디자인하면 명확하다. 누가 먼저 하냐, 나중에 하냐의 순서를 정하는 혼란도 막을 수 있다.

② 정서적 편안함

모둠구조는 학생들에게 정서적 편안함을 준다. 반 구성원 전체 앞에 나서서 자신의 의견을 말하는 것보다, 모둠 친구들 몇 명 앞에서 말하는 것이 심리적으로 편안하다.

③ 결과에 대한 안전함

소수의 모둠 구성원 앞에서는 평가에 대한 압박과 결과에 대한 부담도 덜하다.

이야기를 마친 모둠 친구에게 "좋은 의견입니다"라는 피드백을 약속하면 좋다. 내용에 상관없이 좋은 의견이라는 피드백을 받을 수 있다면, 아이들은 더욱 안전감을 느끼고 자신의 생각을 말한다.

④ 학습효율

학생 상호간의 의견 교환을 자유롭게 하는 모둠 구조는, 학습효율이 높은 것으로 잘 알려져 있다.

모둠의 인원은 4인, 6인등으로 다양하게 구성할 수 있다. 모둠 구성원의 숫자가 늘어나면 기회를 나누어야 하기 때문에 한 사람이 얻을 수 있는 기회의 시간은 그만큼 줄어든다. 하지만 인원이 많아진 만큼 다양한 생각을 공유할 수 있고 모둠의 역동성도 커진다. 인원이 많고 적음에 따라 장단점이 있는데 4인 1조의 편성이 보편적이다.

① 순응형과 공격형

학생의 유형을 모둠 구성에 참고할 수 있다. 공격형은 주장이 강한 편이라 의견이 부딪히는 일도 잦다. 따라서 각 모둠에 한명씩 분산시키는 것이 바람직하다. 순응형끼리도 몰리지 않도록 조정한다. 순응형끼리는 서로 눈치를 살피고 먼저 양보하느라 활발한 의견 교환이 어려울 수 있다. "네가 먼저 해", "아니야, 너 먼저 해."라고 서로 양보하느라 시간을 보낸다.

순응형과 공격형이 골고루 섞이는 것이 이상적이다. 4인 1조로 구성한다면 리더 1명에, 순응형 2명, 공격형 1명으로 조합할 수 있다.

② 제한된 선택권

자리를 정할 때, 뽑기로 할 수도 있고 교사가 지정할 수도 있다. 교사가 지정한다면, 성별과 성격을 종합적으로 고려한 계획적 자리편성이 가능하다. 뽑기로 자리를 정하면, 운에 따르기 때문에 아이들로서 불만이 덜하지만, 계획된 구조화에는 한계가 있다. 교사가 그룹을 제한하고, 그 안에서 아이들에게 뽑기로 정하는 방식도 생각해 볼 수 있다.

교사가 학급 구성원을 4그룹으로 나눈다. 리더, 순응(남), 순응(여), 공격형으로 나눌 수 있다. 리더 그룹과 공격형 그룹의 학생들은 성별에 관계없이 묶고, 순응형은 인원이 많으므로 남녀를 구분한다. 그다음 각각의 그룹 안에서 뽑기로 정한다.

만약 반 구성원이 28명이고, 4인 1조의 모둠을 만든다면, 각 그룹은 7명이 된다. 각 그룹별로 7명씩 이름을 부르면, 나와서 뽑기로 자리를 정한다. 이렇게 하면, 뽑기를 하더라도 리더, 순응, 공격형이 골고루 섞이는 구성이 가능하다. 그룹을 만든 기준을 아이들에게 굳이 알려주지 않아도 된다. 각 그룹에 속한 아이들의 이름을 부르고, 신속하게 뽑기를 하도록 안내하면 아이들은 자신이 어떤 그룹에 속했는지 모르고 뽑기 결과에만 집중할 수 있다.

물레방아 마주 짝구조

유대인의 학습으로 널리 알려진 하브루타 구조다. 두 사람이 눈을 마주보는 형태로, 서로의 의견과 생각을 교환하기 좋다. 2인 1조로 서로 마주보도록 책상의 위치를 조정하고, 다른 사람의 소리가 방해되지 않게 책상 사이의 간격을 벌린다.

① 기회의 횟수

2인 1조이기 때문에, 반 인원이 홀수라면 누군가 한명은 짝이 없어 허송세월하니, 인원을 짝수로 맞춰야 한다.

학생 수가 홀수라면 학생에게 시간을 알려주는 타임키퍼 역할을 맡길 수 있다. 타임키퍼를 하라고 지시하기보다, 학생이 자발적으로 선택하게끔 하고, 그조차 돌아가면서 해야 한다. 타임키퍼는 본질적으로 학습 밖으로 나오게 되는 일이기 때문이다.

② 정서적 편안함

학생들끼리 어깨 짝으로 나란히 앉은 경험은 많지만, 마주앉는 일은 흔치 않다. 그래서 물레방아 마주 짝을 처음 할 때, 학생들은 어색해 한다. 얼굴을 마주하고 딱히 나눌 말이 없다면 더욱 어색해진다.

따라서 과제를 분명히 정해주고 과제를 해결하는 시간도 타이트하게 제시하는 것이 좋다.

이상적인 시간을 정할 수 없고 과제에 따라 차이가 있지만 40초-1분 30초 사이가 적당하다. 시간이 되면 종을 쳐서 알려줘도 되고, "이동"이라고 말해줄 수도 있다. 타임키퍼 역할은 교사가 할 수 있고, 반 인원이 홀수라면 학생에게 맡기는 것도 가능하다.

③ 결과에 대한 안전함

마주 앉은 친구가 내 이야기에 귀를 기울여준다면 보다 말을 잘할 수 있다. 하브루타 짝 구조에서 안전함은 말하는 사람이 아닌, 듣는 사람에 의해 좌우된다. 잘 들어주는 태도가 무엇보다 중요하다.

교사는 학생들끼리 서로 경청을 잘하고 있는지를 면밀히 살핀다. 엎드린다던지 건성으로 듣는 아이가 있다면 태도를 바로잡아준다.

④ 학습효율

물레방아 짝 구조는 기회의 생산성이 대단히 높다. 2인 1조로 한사람이 말을 하고 맞은편에 앉은 사람이 듣는 구조이기 때문에, 말할 책임과 들을 책임이 온전히 주어진다. 누구도 놀 수가 없다.

그러나 구조가 만들어주는 생산성도 제대로 학습한 내용을 묻고 답한다는 상호작용이 전제될 때에야 효용이 있다. 구조만큼 내용도 중요하다. 뭘 알아야 질문하고 의견표현에도 적극적이다.

궁금증도 호기심도 배워야 생긴다. 물레방아 짝구조를 만들기 전, 학습 내용을 숙지하고 질문 학습지를 만든다면 더 큰 상호작용을 일으킬 수 있다. 강의식 구조로 내용 설명을 듣고, 그 다음 물레방아 짝구조를 통해 의견 교환, 상호 질문으로 넘어가는 방식도 해볼 만하다.

Tip | 수업은 조용해야 할까?

물레방아 짝구조로 수업을 한 첫날, 나는 매우 당황했다. 교실이 너무나도 시끄러웠기 때문이다. 물레방아 짝구조는 두 사람이 마주보고 대화를 나누는데, 다른 사람의 목소리에 가려져 잘 들리지 않기 때문에 목소리를 더 크게 해야 한다. 그런데 생각해보면 수업이 조용해야 한다는 것도 일종의 편견이다. 유태인의 도서관 열람실은 시장보다 시끄럽다고 한다. 유태인이 도서관에 가는 이유는 대화할 사람이 있기 때문이다. 시끄럽다는 것은 학생들이 활발하게 상호작용하고 있다는 증거고, 시끄러운 상태가 계속된다는 것 역시 쉬지 않고 배우고 있음을 보여준다. 혼자하는 조용한 학습에서도 배우지만, 친구와 활발히 의견을 주고받는 과정을 통해서도 배움은 일어난다.

원 구조

책상을 치우고 의자만 남겨서 원을 만든다. 손을 얹을 책상이 없고, 자신의 모습이 가려지지 않는 상황에서 학생들은 불안감을 느낀다. 원 구조로 앉았을 때 옆에 앉은 친구에게 말을 거는 것도 불안하기 때문이다. 따라서 원 구조를 처음 시작할 때 어색함을 깰 수 있는 아이스 브레이킹의 시간이 필요하다. 이웃놀이, 손님 데려오기 등 원 구조에서 즐겁게 할 수 있는 놀이가 꽤 많다. 다양하게 적용하여 학생들이 원 구조에 적응하도록 도와준다.

① 기회의 횟수

원은 중심에서 같은 거리에 있는 점의 집합이다. 학습력과 리더십, 성향에 관계없이 원 구조에서는 모두가 평등하다. 교사도 학생도 모두 동등한 위치에 있다. 모두가 돌아가며 말하기 때문에 횟수의 동일성이 확보된다.

② 정서적 편안함

학생들은 자신의 차례가 다가올수록 부담감을 느낀다. 처음이나 두 번째 순서라면 부담은 특히 더하다. 본인 차례가 왔을 때, 패스할 수 있는 선택권을 주는 것만으로 학생들은 편안함을 갖는다. 패스를 통해 할 말을 정리할 수 있는 시간을 벌 수 있기 때문이다.

순서를 미룰 수 있는 선택은 주지만, 의견을 아예 밝히지 않는 선택은 두지 않아야 한다. 패스는 발언을 안 한다는 의미가 아닌, 순서를 뒤로한다는 의미임을 명확히 한다. 안 할 수 있는 선택권을 준다면 모두에게 평등하고 동일한 기회를 주는 원 구조의 장점을 살릴 수 없다. 어떠한 주제에 대해 의견이 없거나 할 말이 전혀 떠오르지 않을 때는 "의견이 없습니다" 혹은 "하늘이랑 생각이 같습니다"라는 말이라도 하는 것을 약속한다.

③ 결과에 대한 안전함

용기를 내어 의견을 말했는데, 비난을 받는다면 어떨까? 창피하고 속이 상해 다시는 말하고 싶지 않을 것이다. 특히나 원 구조에서는 비난의 전달이 빠르다. 말만이 아니라, 조소와 조롱의 눈빛 혹은 귓속말을 주고받는 것으로도 전해진다.

발표를 마친 다음 긍정적인 피드백이 꼭 필요하다. 발언을 마치면 박수를 쳐주는 것을 원구조의 루틴으로 하는 것도 좋다. 말한 내용에 관계없이 박수를 쳐주면 아이들은 어떤 말을 해도 비난받지 않는다는 사실에 안전함을 느낀다.

④ 학습효율

원을 한 바퀴 돌아 모두가 말하기까지 상당한 시간이 걸리기 때문에, 원 구조의 기회 생산성은 매우 낮다. 따라서 모든 수업 가운데 원 구조를 활용할 수는 없다. 모두가 그 사람의 의견을 듣는 것이 의미가 있고, 반 구성원 모두가 돌아가며 말을 하는 것이 필요한가에 대한 고민을 해보고 제한적으로 실시하는 게 바람직하다.

학급회의의 경우, 원 구조가 탁월하다. 강의식 구조에서 학급회의를 한다면 소수의 몇몇 학생들만 의견을 밝힌다. 학급의 규칙을 정하는 데 있어서는 모두의 참여는 중요하다. 규칙은 선생님이 아닌, 지키는 학생들이 직접 정할 때 실천으로 잘 연결되기 때문이다.

Tip | 원 구조 깨알팁

··

① 교사가 원 밖에서 시선을 모아준다.

대화의 시작은 눈 맞춤에 있다. 듣지 않는다는 것은 곧 보지 않는 것이다. 원 구조에서 시선은 말하는 한 사람에게 집중되어야 한다. 말하는 순간만큼은 온전히 그 사람을 응시해야 하는데 이게 쉽지 않다. 말하는 친구와의 거리가 멀기 때문에 시선이 흐려지고, 옆에 앉은 친구와 말장난을 하기 십상이다. 상대편이 건성으로 듣는다는 것은 느끼면 말하는 학생은 자신의 말에 확신을 잃고 만다.

원 구조에서 한 사람의 말하기에 집중하기까지는 연습이 필요하다. 교사가 원의 바깥에 서서 해당 학생에게 시선을 집중시켜 주는 것도 좋은 방법이다. 교사가 원 밖에, 해당 학생의 뒤에 서 있으면 자연히 선생님을 보고 친구도 바라보게 된다. 교사가 원 밖에서 시선을 모아주는 역할을 여러 번 반복하고, 발언이 끝나면 박수를 치는 루틴을 계속하면 나중에는 교사의 도움 없이도 시선집중→ 발언→ 박수가 습관화된다.

② 교사도 중심에서 같은 거리를 유지한다.

교사가 원 안으로 들어와 설명하는 시간이 길어진다면 원을 만드는 의미가 퇴색된다. 교사가 설명으로 학생들을 이끌고 갈 것이라면 원이 아닌 강의구조가 낫다.

원 구조는 교사와 학생이 동등하고 동일하게 참여하는 유일한 구조다. 강의식은 교사가 중심이 되고, 모둠이나 물레방아 짝구조는 학생들이 중심이 되기 때문이다. 교사가 원의 중심으로 나서기보다, 원의 한 점을 유지하여 균형을 맞출 때 원 구조의 장점을 살릴 수 있다.

'이 사람을 찾아라' 구조

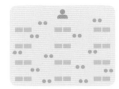

초등 영어 교수법에서 잘 알려진 information gap task다. 학생들에게 정보의 차이를 만들고 이를 메우기 위한 의사소통을 일으키는 것인데 영어교과만이 아니라 수학, 사회, 과학 등의 교과에도 폭넓게 적용할 수 있다. 예를 들면 수학과의 수의 범위, 「이상과 이하」의 학습내용에서 "우리 반에서 키가 145cm이상 149cm이하인 친구를 찾아 이름 쓰기", "신발 사이즈가 230mm이상 240mm이하인 친구를 찾아 이름 쓰기"등의 과제를 주는 것이다. 학생간의 활발한 상호작용이 일어나고 교실 전체를 역동적으로 움직일 수 있는 구조다.

① 기회의 횟수

정보의 격차를 메우기 위해 교실을 돌아다니면서 상대방을 찾는다. 2인 1조로 진행이 되고, 랜덤으로 만난다. 누구에게나 기회가 주어진다.

② 정서적 편안함

교실 전체를 돌아다니며 상대방을 찾으라고 하면, 아이들이 친한 친구에게로 간다. 또 여학생은 여학생끼리, 남학생은 남학생끼리만 만나려고 한다. 따라서 여학생 몇 번, 남학생 몇 번씩 만나도록 횟수

를 정해주고, 누구를 만나건 어색하지 않을 수 있는 아이스 브레이
킹 활동디자인이 필요하다.

질문의 순서 정하는 활동을 통해 아이스 브레이킹을 할 수 있다.
예를 들어, 더 일찍 자는 사람이 먼저 질문하기, 새끼손가락이 긴 사
람이 먼저 질문하기 등을 해볼 수 있다. 표면적으로는 누가 먼저 질
문하는지를 결정하는 것 같지만, 사실상 목적은 두 사람 사이의 어
색함을 풀어주어 소통을 돕는 데 있다. 서로의 손가락 길이와 잠자
는 시간 등을 비교해보며 어색함을 깨고 자연스러운 활동의 물꼬를
틀 수 있다.

궁금한 이야기 | 물레방아 마주짝 vs '이 사람을 찾아라' 구조 비교

물레방아 마주짝과 '이 사람을 찾아라' 구조는 2인 1조의 만남이라는 점에서
동일하다. 둘 다 기회의 횟수가 많고 학습효율 또한 높다. 차이는 짝을 정하는 방
식에 있다. 물레방아 마주짝의 경우 짝이 누구인지 다음 짝이 누구인지가 정해져
있다. 활동시간도 교사가 통제하기 때문에 먼저 활동이 끝나도 기다릴 수밖에 없
다. 제한된 시간 안에 활동을 마치지 못해도 다음 짝으로 바꾸어야 한다. '이 사람
을 찾아라' 구조는 아이가 스스로 짝을 찾아 나서고, 활동을 마치면 곧장 다른 짝
을 찾아 떠난다. 기다림 없이 끝나는 대로 새로운 짝을 찾아다닐 수 있다.

'이 사람을 찾아라' 구조에서는 학생별 시간 차이가 생긴다. 학습력이 우수하고
활동적인 아이는 과제를 금세 마치고, 더딘 아이는 한참이 걸린다. 똑같이 3분의
시간을 줘도 어떤 아이는 1분 만에 "선생님, 다 찾았어요!"라고 할 수 있다. 먼저
끝낸 아이는 떠들고 교실은 노는 분위기가 되고 말 수 있다. 따라서 '이 사람을 찾
아라'구조에서는 시간 차를 메울 수 있는 후속 활동 디자인이 필요하다.

수업구조 디자인

한 차시의 수업 가운데 다양한 구조의 변형을 줄 수 있다. 원 구조는 특성상 원을 만드는 데 상당한 시간이 소요되기 때문에 한 차시 내에서 변형이 힘들다. 강의 구조, 물레방아 마주 짝 구조, 모둠 구조, '이 사람을 찾아라' 구조는 모두 변형이 쉽다.

대개 초등학생의 집중 시간은 짧다. 강의를 통한 설명에 40분간 온전히 집중할 수 있는 학생은 그렇게 많지 않다. 또한 한 차시 내내 설명으로만 끌고 가는 것은 교사에게도 벅찬 일이다. 수업 속 기회와 권한을 학생에게 나눠주는 수업구조 디자인을 해보자. 강의 구조로 설명을 한 다음 모둠으로 바꾸기도 하고, '이 사람을 찾아라' 활동을 연결하기도 하는 등 한 시간의 수업 동안 다양하고 역동적인 수업구조 디자인이 가능하다.

학생이 중심이 되는 모둠구조, 마주 짝 구조, 원 구조, '이 사람을 찾아라' 구조에서 학생의 참여는 높다. 그러나 즐겁게 '공부했다'가 아니라 재미있게 '놀았다'로 끝날 수 있다. 활동중심 학습도 지식을 배운 것이 바탕이 될 때 효과적으로 할 수 있다. 개념에 대한 이해를 확실히 해 두어야, 개념을 적용하는 활동 중심의 수업도 빛을 발한다. 교사중심의 강의식 수업과 학생참여 수업을 적절히 혼합하는 수업 구조 디자인이 필요하다.

온라인 수업

블렌디드 러닝은 온라인과 오프라인, 대면과 비대면을 결합한 학습형태로, 코로나 이후 우리 교육의 일상이 되었다. 블렌디드 러닝은 원격수업과 등교수업으로 구분할 수 있고, 이는 다시 일방향과 쌍방향의 2가지 형태로 나눌 수 있다. 먼저 원격 수업은 교사가 업로드한 콘텐츠를 학생들이 보는 일방향 방식, 그리고 줌(Zoom)을 활용한 실시간 쌍방향 방식이 있다. 등교수업은 시험대형으로 앉아 교사의 설명을 듣는 일방향과 원, 모둠, 짝활동을 하는 쌍방향 학생참여 수업이 있다. 방역 수칙을 지키기 위해 상호간 거리 두기가 필수이다 보니, 학생참여 수업이 쉽지 않은 게 현실이다. 또 원격 수업인 콘텐츠 활용 학습에서도 학생과 학생, 교사와 학생간의 유대감을 경험하는 데 한계가 있다.

	원격 수업	등교 수업
일방향	콘텐츠 활용	강의식
쌍방향	줌(Zoom)	모둠, 마주짝, 원

원격수업과 등교수업 모두 일방향적 강의 구조의 비중이 높다. 학생들이 상호작용할 기회를 주는 수업구조 디자인이 필요하다.

원격수업인 줌 구조에서는 안전하고 활발한 상호작용이 가능하다. 따라서 줌 수업에서는 교사 주도로 끌고 가는 것을 최소화하고 학생의 발언 기회를 최대한 늘리는 기회디자인이 필요하다. 줌 수업 구조디자인, 어떻게 할 수 있을까?

줌(Zoom) 구조

줌(Zoom)은 교사와 학생들이 얼굴을 마주할 수 있다는 점에서 원 구조와 비슷하다. 원 구조의 장점과 특징, 루틴을 살려 줌(Zoom) 수업 디자인을 할 수 있다.

줌 수업 상황에서 아이들은 말하는 순서에 대해 부담감을 느낄 수 있다. 교사가 즉흥적으로 지목하기보다 루틴을 정해, 차례를 예상할 수 있도록 하는 것이 바람직하다. 원 구조에서처럼 패스할 수 있는 기회를 준다면 정서적 편안함을 줄 수 있다. 결과에 대한 안전함을 느낄 수 있도록 리액션을 약속으로 정해보자. 음소거를 해두기 때문에 엄지 척, 하트 등의 제스처를 활용할 수 있다. 줌 수업에서 자신의 이야기에 아무런 반응이 없다면 아이는 무언가 잘못 말했다는 생각을 하고 심리적으로 위축될 것이다. 어떤 말을 하건 말이 끝난 다음 하트, 엄지손가락을 추켜올리는 등의 반응을 약속으로 정해보자. 교사 한사람의 칭찬과 격려의 피드백보다, 줌 수업에서 보이는 교실 구성원 모두가 주는 긍정적 제스처의 힘이 더욱 세다.

교사의 수업 전문성은 수업내용에 대한 전문성과 수업구조에 대한 전문성을 포괄한다. 초등학교 교사가 수업내용에 대한 전문가가 되기란 쉽지 않은 일이다. 가르쳐야 할 교과목이 많고, 학년별 격차도 크며, 매년 같은 학년을 맡지 않기 때문이다. 또 수업 내용에 대한 지식은 아이들도 인터넷 검색을 통해 찾을 수 있다. 지식은 더 이상 교사에게 독점되지 않는다.

그러나 수업 구조에 대한 지식은 오직 교사에게 달려있다. 수업내용에 대한 연구와 함께 수업구조에 대한 연구에도 힘을 쏟자.

자율교실의 수업설계 노하우

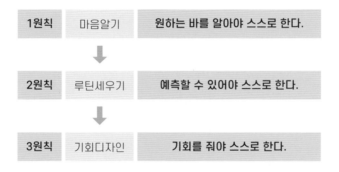

1원칙	마음알기	원하는 바를 알아야 스스로 한다.
2원칙	루틴세우기	예측할 수 있어야 스스로 한다.
3원칙	기회디자인	기회를 줘야 스스로 한다.

<자율교실의 3원칙>

　자율교실의 3원칙은 수업설계에도 그대로 적용된다. 1원칙, 원하는 바를 알아야 스스로 한다. 초등 아이들은 움직이고 싶고 말하고 싶다. 스스로 해보고 싶은 마음은 있지만 막상 앞에 나서는 것은 부끄러워한다. 아이들의 욕구를 충족시켜줄 수 있는 수업을 고민해 본다. 수업 구조의 변화를 주어 움직임을 줄 수 있고, 모둠이나 짝 활동으로 말할 기회를 줄 수도 있다.

2원칙, 예측할 수 있어야 스스로 한다. 수업 구조를 루틴으로 정해두고 그것을 반복한다면 학생들은 예측을 할 수 있다. 수업 루틴의 유익은 크게 3가지다. 첫째, 학생의 자발성이다. 수업 루틴을 반복하면 아이들은 그 활동이 무엇인지 예측할 수 있고 그래서 스스로 움직인다. 둘째, 교사의 편의성이다. 고정된 수업 루틴이 있으면 교사는 수업 준비에 걸리는 시간을 단축할 수 있다. 셋째, 수업의 효율성이다. 수업 방식과 활동 방법을 학생들이 알고 있기 때문에 이를 설명하지 않아도 된다. 설명에 시간 소모를 줄일 수 있고 그만큼 학습자가 참여할 시간이 늘어난다.

3원칙, 기회를 줘야 스스로 한다. 아이들이 가진 성향, 성격, 능력에 맞는 기회디자인이 필요하다. 횟수에 있어서 동일하게, 과정에 있어서 편안함을 느끼도록, 결과에 대해 안전함을 느끼며, 가능하면 짧은 시간에 많은 아이들이 기회를 얻을 높일 수 있도록 기회디자인을 한다.

자율교실 수업 설계의 3원칙은 요약하면 학생의 마음과 욕구를 파악하여, 수업 루틴을 만들고, 학생을 위한 기회디자인을 하는 것이다. 초등교실에서 빈번하게 마주할 수 있는 국어, 수학, 사회과에 3가지 수업 설계 원칙을 적용해 본다.

읽기 수업

초등 1학년의 경우 소리 내서 책읽기를 많이 한다. 그러다 학년이 올라갈수록 눈으로 읽는다. 묵독하면 읽는 속도가 빨라지지만, 낭독에는 유익이 많다. 특히 에너지가 넘치는 학생들에게는 낭독이 잘 맞는다. 소리 내어 읽으며 에너지를 발산할 수 있기 때문이다. 또 눈으로 읽다보면 졸리지만, 소리 내어 읽으면 눈만이 아닌 귀와 입까지 자극하다보니 집중력이 높아진다.

낭독은 국어교과만이 아니라 사회, 과학 등 다른 교과의 교과서 읽기에도 폭넓게 적용해 볼 수 있다. 소리 내어 읽기를 반복하는 것은 읽기 습관을 키우는 데도 효과적이다. 낭독 수업 디자인에 대해 알아본다.

각자 읽으라고 한다면 대충 읽는 학생들도 꽤 있을 것이다. 반 전체가 돌아가며 읽다보면 한번 낭독의 기회를 얻기 위해 긴 시간 기다려야 한다. 따라서 낭독에는 모둠 구조가 적합하다.

만약 모둠원 한 사람 한 사람이 한 쪽씩 돌아가며 읽으라고 하면,

삽화나 교과서 페이지 디자인에 따라 분량이 제각각이다. 글밥이 많은 페이지를 읽게 될 수도 있고, 글밥이 적고 삽화가 많은 페이지를 읽게 될 수도 있어 양이 균등하지 않다. 2문장씩 돌아가며 읽기 혹은 1문단씩 돌아가며 읽도록 한다면, 1쪽씩 돌아가며 읽을 때 보다 동일한 기회를 줄 수 있다.

낭독 수업 디자인 (모둠구조)

① 모둠의 1, 2, 3, 4번 순으로 돌아가며 2문장 읽기

차례를 정해주고 돌아가면서 2문장 읽기씩 읽는다. 1문장은 너무 짧고 3문장이 넘어가면 문장의 개수를 세야 해서 번거롭기 때문이다.

② 돌아가며 문단 나눠 읽기

문장이 모여 하나의 생각을 이룬 덩어리가 문단인데, 많은 학생들이 문단이 무엇인지를 잘 모른다. 문단과 문장의 차이를 구분 짓지 못하는 학생들이 고학년 중에도 많다. 각 문단을 한 사람씩 나눠서 읽는 것은 문단의 의미와 구조를 익히는 데 효과적이다.

③ 큰 따옴표가 있는 문장을 일어서서 읽기

큰 따옴표가 들어간 문장은 줄글과는 다른 생생함이 있다. 말하듯이 읽으라고 해도 생동감을 살려 읽는 아이들은 소수다. 일어나서 읽도록 하면, 앉았을 때와는 다른 느낌을 살릴 수 있다.

읽기 속도에 따라 모둠별로 끝나는 시간이 제각각이다. 정해진 양을 읽은 모둠은 칠판에 모둠 자석을 붙인 다음, 한 번 더 읽는다. 두 번째 읽을 때의 순서는 1번부터가 아니라 2번부터 돌아가도록 한다. 모든 모둠이 칠판에 자석을 붙이면, 한 번씩 돌아가며 읽기를 마쳤음을 알 수 있다. 이때, 교사는 읽기를 멈춘다.

연산 숙달을 위한 수학 수업

연산은 초등 수학의 기초이자 기본이다. 연산을 잘하기 위해서는 개념 이해만이 아닌, 반복을 통한 숙달이 필수적이다. 수학 익힘책을 푸는 것만으로 부족할 때가 있고, 그래서 교사는 따로 문제지를 만들기도 한다. 그런데 문제지나 수학익힘책 풀기는 꼭 학교가 아니라 집에서도 할 수 있다. 아이들이 직접 문제를 만들고, 친구들과 번갈아가며 푸는 것은 어떨까? 주어진 문제를 푸는 것보다 능동적 학습을 할 수 있을 것이다. 교실 속 친구, 사람이라는 자원을 통해 배움이 일어난다. 또 문제지를 출력하지 않아도 되니 경제적이다.

학습목표에 해당하는 문제를 내고, 돌아다니면서 친구들과 랜덤으로 만나 문제를 바꾸어 푸는 수업 디자인을 소개한다.

수학 연산 문제풀이 활동 디자인 ('이 사람을 찾아라' 구조)

A4용지를 주고 가로로 2번, 세로로 1번 접어 8칸을 만든다. 접는

방식에 따라 4칸, 12칸도 가능한데, 문제를 쓰고, 풀이하는 칸을 확보하는 데 8칸이 좋다. 종이를 접은 다음 8칸에 각각 1-8이라고 숫자를 써 번호를 매긴다.

문제 출제와 문제 풀이, 채점의 방법에 대해 아이들에게 상세히 안내한다. 울타리를 명확히 세워주지 않으면 아이들은 문제부터 틀리게 낼 수 있고, 채점도 안하고 넘어갈 수도 있다. 수학 연산 숙달을 위한 울타리는 다음의 4가지로 정리할 수 있다.

① 문제 난이도에 대한 울타리

내용에 벗어난 문제를 내거나 너무 어려운 문제를 내지 않도록 울타리를 세운다. 자연수와 소수의 곱셈에 대한 문제내기를 예로 들어 보자. 1-50사이의 자연수, 1과 10사이의 소수로 소수 첫째자리까지로 출제한다는 울타리를 세워주면, 적합한 난이도를 알고 그에 맞는 문제를 낸다. 되는 문제 예시, 안 되는 문제의 예시를 여러 개 들어 준다. 아무런 가이드라인을 주지 않고 학생에게 출제를 맡긴다면 9876543×9.876처럼 불필요하게 어려운 문제를 내서 친구를 난감하게 할 수 있다.

문제 출제를 어려워하는 학생이 있다면 수학 익힘책을 보고 내도록 안내한다. 창조는 모방에서 나온다. 수학 익힘책의 문제를 그대로 따라하다 익숙해지면 스스로 문제를 만들 수 있다.

Tip | 차시 목표가 (자연수)X(소수)일 때의 문제 내는 울타리

- 자연수 : 1-50이하의 자연수
- 소수 : 1과 10사이의 소수, 소수 첫째자리까지
- 되는 문제 예시 : 2×1.5, 32×4.7
- 안 되는 문제 예시 : 51×2.3, 20×5.55

② 서로 돌아가며 풀어보기

돌아다니면서 서로 낸 문제를 바꿔 푼다. 이 때 친한 친구들과 혹은 남자끼리 여자끼리만 만나지 않도록 약속을 정한다. 여학생 4번, 남학생 4번으로 정해두면 남학생과 여학생이 골고루 만날 수 있다. 질문 순서는 가위바위보, 손가락 길이비교 등의 방식으로 한다.

③ 문제 개수에 대한 울타리

문제의 개수는 최소 8개에서 시작하여 16개까지 낼 수 있도록 한다. A4용지를 앞뒤로 활용하면 최대 16개의 문제를 만들 수 있다. 문제의 개수를 고정하지 않은 것은 학생별 편차 때문이다. 문제 출제와 풀이가 빠른 학생이 있는가하면, 한참이 걸리는 학생도 있다. '이 사람을 찾아라' 구조에서는 학생의 속도차가 생기고, 끝나는 시간에도 차이가 벌어진다. 문제 수를 다르게 하면, 풀이속도가 빠른 아이

들이 놀지 않고 후속 과제를 이어나갈 수 있다.

④ 문제 채점에 대한 울타리

서로 바꾸어 풀고 답이 맞는지 채점해주는 과정까지 마쳐야 한다. 틀리게 풀었을 때, 오답교정을 하지 않고 넘어간다면 잘못 문제를 푸는 습관만 들 뿐, 연산 숙달에 보탬이 되지 않는다. 채점하고, 오답일 경우 다시 한 번 풀 수 있도록 기다려주는 것을 약속한다.

문제 출제의 경우 울타리를 세워주면 학생들이 곧잘 따라한다. 그런데 문제 채점은 하지 않고 넘어가는 학생들이 많다. 관찰해 보니 혼자서 문제집을 풀 때 누군가 채점을 대신 해주거나 스스로 채점을 할 때도 몰아서 하는 습관 때문이었다. 문제를 바꾸어 푼 다음 채점 및 오답 교정까지 해야 하는 울타리를 확실히 세워야 한다.

활동을 마치면 문제지를 걷어서 문제 풀이와 결과에 오류가 없는지를 교사가 한 번 더 점검한다.

자율교실이라고 해서 학생들에게 다 맡기는 것이 아니다. 학생에게 모든 걸 맡겨두고 교사가 뒷짐을 지고 있다면, 그것은 방임이다. 학생들은 언제든 실수할 수 있고, 고치지 못한 채 잘못된 풀이 방법을 학습할 수 있다. 교사가 바로잡아 주어야 한다. 아이들의 활동을 유심히 관찰하고 감독하고 관리하는 역할을 교사가 적극적으로 할 때, 학생이 더 잘 배울 수 있다.

질문 수업

좋은 질문을 만드는 것이 질문 수업의 핵심이다. 질문이 좋을 때, 질문에 대한 답도 의미가 있고 그것을 주고받는 상호과정의 가치도 있다.

질문은 크게 확산적 질문과 수렴적 질문으로 나뉜다. 수렴적 질문이란, 여러 가지 가능한 해결책이나 답이 아닌 하나의 정확한 해결책이나 답을 찾도록 요구하는 질문, 정답이 정해져 있는 질문을 말한다. 예를 들면 맞는 것을 고르는 객관식 선다형 문제, 참·거짓을 구분하는 문제 등이 있다. 확산적 질문이란 다양한 해결책이나 답을 모색해 보도록 요구하는 질문, 정해진 답이 없는 질문이다. 이 중 질문 수업에서의 좋은 질문이란, 확산적 질문이다. 생각을 만드는 질문, 정답이 아닌 해답이 있는 질문, 사고를 확장하는 확산적 발문을 하고 서로 의견을 내는 것이 질문 수업의 과정이다.

그런데 확산적 질문을 만드는 것이 쉽지 않다. 아이들이 접해본 질문은 대부분 답이 정해진 수렴적 질문이라서, 생각을 발산하는 열린 질문을 내는 것에 익숙하지 않다. 수렴적 질문을 만들고 답하는 것이 상대적으로 쉽다. 따라서 먼저 수렴적 질문 만들기부터 해보고 확산적 질문 만들기로 넘어 가는 것도 하나의 방법이다.

사회 질문 수업 디자인 (물레방아 마주짝 구조)

수렴적, 확산적 질문이라는 용어가 초등학생들에게 어렵다. 수렴적 질문이라는 말 대신 "답.정.너"(정답은 정해져 있고 너는 대답만 하면 돼), 확산적 질문이라는 용어 대신 "답.없.어"(정해져 있는 답은 없어. 너는 생각을 말하면 돼)라고 안내하니 아이들이 직관적으로 이해할 수 있었다.

학생이 보고 따라서 문제를 낼 수 있도록 여러 질문의 예시를 보여준다.

① 답.정.너 (수렴적 질문)

수렴적 질문은 어떻게 만들 수 있을까? 선다형, 진위형, 단답형등 유형별로 문제를 낼 수 있다. 또 누가, 언제, 어디서, 무엇을 했는지를 물을 수 있다. 주로 사회과의 역사 파트에서 활용할 수 있다. 답정너 활동지는 다음과 같다. 학생이 보고 따라서 문제를 낼 수 있도록 여러 예시를 보여준다.

궁금증 해결하기 | 답정너 질문의 예시

선다형 / 진위형 / 단답형 / 네모넣기

선다형 : ①②③④중 고르기 문제
남해안의 특징으로 알맞은 것은 어느 것입니까? (3)
① 수심이 매우 깊다.   ② 해안선이 단조롭다.
③크고 작은 섬이 많다.   ④ 갯벌이 넓다.

진위형 : O, X 문제
우리나라는 서쪽은 낮고 동쪽은 높은 지형이다. (O , X)

단답형 : 간단히 단어로 답하는 문제
화산 활동으로 생긴 섬으로, 전체가 천연 보호 구역으로 지정되어 있으며, 괭이갈
매기, 사철나무등 다양한 동식물이 살고 있는 섬의 이름은? (제주도)

누가 / 언제 / 어디서 / 무엇을

누가 : 사람 이름을 묻는 문제
평민 출신 항일의병장으로 태백산맥 일대에서 일본군에 맞서 싸운 의병장은 누구
인가요? (신돌석)

언제 : 연도를 묻는 문제
3.1운동과 대한민국임시정부가 수립된 해는 언제인가요? (1919년)

어디서 : 장소를 묻는 문제
만국평화회의가 열린 곳으로 고종황제가 을사늑약이 무효임을 알리기 위해 특사
를 파견한 곳은 어디인가요? (헤이그)

무엇을 : 사건이나 대상을 묻는 문제
일본이 명성황후를 시해한 사건을 무엇이라고 하나요? (을미사변)

살기 좋은 우리 국토

pb-53

이름 :

답정너?	답은 정해져 있고 너는 대답만 하면 돼! 답이 결해진 질문.
답정너 질문의 예	**선다형 : ①②③④ 중 고르기 문제** 남해안의 특징으로 알맞은 것은 어느 것입니까? ( ) ① 수심이 매우 깊다. ② 해안선이 단조롭다. ③ 크고 작은 섬이 많다. ④ 갯벌이 넓다. **진위형 : O,X 문제** 우리나라 동해안은 밀물과 썰물의 차가 커서 갯벌이 넓게 펼쳐져 있다. (O, X) 우리나라는 서쪽은 낮고 동쪽은 높은 지형이다.(O, X) **단답형 : 간단히 단어로 답하는 문제** 이 섬은 화산 활동으로 생긴 섬으로, 섬 전체가 천연 보호 구역으로 지정되어 있으며, 광이갈매기, 사철나무 등 다양한 동식물이 살고 있다. 이 섬의 이름은 무엇인가? **네모넣기 : 네모에 알맞은 단어를 넣는 문제** ⬚ 의 발달로 국토의 모습은 크게 바뀌지 않았지만 사람들이 느끼는 국토의 크기는 상대적으로 작아졌습니다.

답

기는 상대적으로 작아졌습니다.

1. 우리 국토의 특징으로 알맞은 것은 어느 것입니까?
①우리국토는 북쪽이 낮고, 남쪽이 서쪽이 높다. ③동해안의 해안선은 복잡하고 서해안과 남해안은 단조롭다.④우리나라의 기후는 온화하고 겨울이 더 따뜻하다.

답
맞힌 사람

우리나라는 아시아의 남쪽에 있다(O,X)

답
맞힌 사람

2. 우리나라는 1960년대의 산업이 발달하면서
도시도 발달 하였다(O,X)

답
맞힌 사람

3. 이섬은 우리나라의 가장 남쪽에 있고 저주도와
가까이 있다. 이 섬의 이름은?

답
맞힌 사람

4. 우리나라의 서울특별시와 인천광역시등이
포함되는 지역의 이름은

답
맞힌 사람

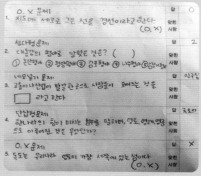

		답	O
O. X 문제 1. 지도에 세로로 그은 선을 경선이라고한다. (O, X)		맞힌 사람	
선다형문제 2. 대륙강의 평야로 알맞은 것은? ( ) ① 논산평야 ② 평양평야③ 김포평야 ④ 나주평야⑤김해평야		답	2
		맞힌 사람	
네모넣기 문제 3. 골들이나산들이 발달한곳으로 사람들이 모여드는 것을 ⬚ 라고 한다		답	인구집
		맞힌 사람	
단답형문제 4. 하나라의 힘이 미치는 범위를 말하며, 영토, 영공, 영공 으로 이루어진 것은 무엇인가?		답	국토의
		맞힌 사람	
O. X 문제 5. 독도는 우리나라 땅에서 가장 서쪽에 있는 섬이다 (O, X)		답	X
		맞힌 사람	

운동 만쩍만쩍, 교개는 끄벅끄벅, 두눈은 꺽쩍 꺽쭈
딴짓하지 않아요! 딴지 걸지 않아요!

배운점	여러 중요한 사건들의 년도와 이름을 알게 되었
느낀점	문제를 맞힌 때마다 뿌듯했고 틀리면 더 공 생각이 들었다.
개선할 점	좀 더 자세하고 어렵지 않으면서 쉽지 않은 만들고 싶다.

② 답.없.어 (확산적 질문)

수렴형 질문을 만들고 답하기에 익숙해지면, 답이 정해지지 않은 확산적 질문을 만들기도 시도할 수 있다.

Why : 이유, 근거를 묻는 문제
대한민국 임시정부는 왜 상하이에 세워졌나요?

If : 만약을 가정하여 일어날 수 있는 일을 상상해보는 문제
만약 3.1운동이 일어나지 않았다면, 우리 역사는 어떻게 바뀌었을까요?

How : 어떻게, 과정과 변화를 묻는 문제
광복 이후 우리나라 사람들의 생활은 어떻게 달라졌나요?

수업은 교사와 학생들 간의 대화이며 정서적, 인지적, 행동적 상호작용이다. 교사의 가르침을 통해서만 학생이 배울 수 있는 것은 아니다. 학생 상호간에도 서로를 가르치고 그 과정을 통해 배움이 일어난다. "넌 어떻게 풀었어?", "난 이렇게 풀었어.", "아, 그런 방법도 있네.", "나는 좀 다르게 풀었어."라고 생각을 나눌 수 있는 기회 속에서도 아이들은 배운다. 학생에게 생각을 말해볼 기회를 주자.

교사는 기회디자이너다. 명강사가 되지 않아도 괜찮다. 기회디자인을 통해 학생들에게 기회를 만들어 주고, 한 호흡으로 소통해 간다면 언제든 좋은 수업을 할 수 있다.

갈등도 스스로 해결하는 아이들

아이들이 다투면 교사는 할 일이 많다. 속상한 마음을 달래줘야 하고, 동시에 어떻게 된 일인지 자초지종을 파악해야 한다. 싸운 당사자 양쪽에게 경위를 물어야 하고, 서로 의견이 엇갈리는 경우 목격한 아이를 찾아 객관적 사실 확인도 해야 한다. 다투는 건 잠깐이지만, 다툼의 수습을 위해서 긴 시간을 쏟아야 한다. 교실 속 다툼, 어떻게 풀어갈 수 있을까?

다툼의 틀을 깨고 울타리 세우기

우선 다툼에 대한 통상적인 생각을 점검해보자. 흔히 "싸우지 말아라", "싸우지 말고 사이좋게 지내라"고 하지만, 아이들은 다툼을 통해서도 배운다. 또 갈등을 매번 피하고만은 살 수는 없다. 싸우지 말라는 말 대신, 다음과 같이 이야기해줄 수 있다.

"싸울 수도 있지. 싸워도 큰 일 안나. 때리는 것, 욕하는 것 2가지만 하지 마. 참기보다 서로 마음을 이야기 해봐. 대화로 해결이 안 되면 곧장 선생님한테 이야기하고. 내가 도와줄게."

때리거나 욕을 해서는 안 되겠지만, 상한 마음을 이야기하는 것은 꼭 필요하다. 친구와의 다툼을 대화로 풀어가는 과정에서 아이들의 자율성이 자란다. 다툼은 자율성을 키우는 기회이기도 하다.

갈등중재 노하우

또래 갈등을 해결하는 경험 속에서 학생들의 사회성과 자율성이 자란다. 자율교실의 3원칙을 적용한 갈등중재 노하우를 알아본다.

자율교실의 3원칙을 적용한 갈등중재

첫째, 원하는 바를 알아야 스스로 한다. 화해하라고 하기 전에, 먼저 아이들이 화해를 원하는지부터 물어본다. 화해할 마음이 없다면 교사의 중재도 소용이 없다. 영혼 없는 사과와 형식적인 화해는 그때뿐이고 오히려 감정의 골을 깊어지게 한다. 사과할 마음이 있는지, 친구가 사과한다면 받아줄 마음이 있는지를 각각의 당사자에게 묻는다.

둘째, 기회를 줘야 스스로 한다. 사과하고 화해할 의사가 있다면, 얼굴을 마주하고 대화할 수 있는 자리를 만들어준다. 만약 화해의 의사가 없다면, 집에 돌아가 생각해 볼 시간을 갖도록 한다. 각 가정에도 이를 알린다. 대개 시간이 가면 화난 감정도 서운한 마음도 줄어든다. 다음날 아침 다시 이야기를 해보면 화해가 되는 경우가 대부분이다.

셋째, 예측할 수 있어야 스스로 한다. 다툼에 대한 루틴을 세운다. '때리거나 욕하지 말고 대화로 한다', '화해가 안 되면 선생님께 도움을 구한다', '때리거나 욕하는 친구를 보면 선생님께 알린다'등 다양한 루틴이 있을 수 있다. 싸우지 말라는 말 대신, 다툼에 대한 울타리를 세워 알려주자.

틀	울타리
싸우면 안 된다.	싸워도 된다. 때리거나 욕을 하면 안 된다.

수업 중 딴청을 피우는 아이

① 수업 시간, 친구를 방해하는 아이

교실을 소란하게 만들거나, 친구의 옆구리를 툭툭 치며 방해하는 아이가 있다면 통제가 필요하다. 자율교실은 뭐든 마음대로 하는 교실이 아니다. 위험하거나 남에게 피해를 주는 것은 안 된다는 원칙이 있고, 학생이 그 원칙을 벗어날 경우 통제해야 할 책임이 교사에게 있다. 수업 중 특정 아이의 행동이 다른 친구들에게 그리고 수업을 운영하는데 있어서 방해가 된다면 단호히 통제한다.

② 수업 시간, 혼자 딴청을 피우는 아이

꾸벅 꾸벅 졸며 집중하지 못하거나, 지우개 가루를 뭉치거나 먼 산을 바라보는 등, 산만하기는 하나 다른 친구들에게 피해를 주지는 않는다면, 이때는 수업 루틴을 깨지 않는 것이 우선이다. "선생님 봐야지, 어디 보고 있어?" 라고 하는 것은 자칫 수업의 흐름을 깰 수 있기 때문이다.

집중하지 못하는 것이 일회적이라면 넘어갈 수 있다. 하지만 지속적으로 반복된다면 다른 대처가 필요하다. 집중하는 것도 습관이고 산만한 것도 습관이다. 바로잡지 않으면 학년이 올라도 개선되지 않는다.

③ 수업 시간, 아이의 딴 짓이 반복된다면

대화를 통해 아이의 이야기를 들어보자. 아이가 딴 짓을 하는데도 그 나름의 이유가 있을 수 있다. 교실 전체의 문제가 아닌 개별적 문제이므로 따로 불러 이야기를 나눈다.

"왜 자꾸 딴 짓 해?"라고 하면 아이는 마음을 닫을 것이다. "오늘 사회시간이 지루했니?"라는 질문으로 아이의 마음을 꺼낼 수 있다. "지루했어요"라고 솔직하게 말하는 아이도 있고 머리를 긁적이며 "지루하지는 않았는데 자꾸 딴생각이 났어요"라고 하는 아이도 있다.

대화로 들어본 딴청 피우는 아이의 속마음은 크게 5가지였다. 첫째, 지루해서, 둘째, 기분이 안 좋아서, 셋째, 선생님이 보고 있다는 걸 몰라서, 넷째, 사춘기라서, 다섯째, 자기도 모르게 습관이 들어서다. 지루하거나, 기분이 안 좋거나, 혹은 선생님이 보고 있다는 걸 의식하지 않은 경우는 대화를 하면 금세 좋아진다. 그런데 사춘기에 접어든 아이, 혹은 집중하지 못하는 산만한 태도가 습관이 된 아이는 경험상 개선에 시간이 필요했다. 습관이 든 경우는 지적보다 자리로 가서 태도를 바로잡아주는 편이 낫다.

공개수업 날이면 청소를 했다

공개수업 날이면 늘 청소를 했다. 줄을 맞추고 책상 서랍을 깨끗이 정리하라고 학생들에게 지시했다. 평소에는 열어두던 책가방 지퍼도 닫게 했고, 학습 문제를 정자체로 또박또박 썼다. 그런데 먼지 하나 없이 말끔한 교실에서 공개수업은 실수투성이였다. 시간 계획을 잘못해 활동 중에 수업 종이 친 날도 있고, 긴장한 나머지 발표하는 학생 이름이 생각나지 않아 "파란 잠바 입은 학생"으로 지목한 적도 있다. 그러다보니 수업 협의회에서 소감은 자기반성 내지 자아비판이 되곤 했다.

신규교사 시절, 초임교사 때는 그래도 괜찮았다. 처음은 누구나 미숙하니까. 그런데 경력이 쌓일수록 그조차 힘들어졌다. 공개수업을 못했다고 내게 뭐라고 하는 사람은 아무도 없었다. 공개수업이 임용고시처럼 당락에 영향을 주는 것도 아니고, 설령 망쳤다 하더라도 어떤 불이익이 있는 것도 아니었다. 잘한다 한들 특별한 유익과 혜택도 없었다. 그런데 왜 나는 참관하는 선생님을 의식하고 마음에 들려고 애를 썼던 걸까? 공개수업 날, 교장선생님의 갑작스러운 출장 소식은 왜 그렇게 반가웠던 걸까?

공개수업을 망치고 협의회에서 자아비판을 수차례 반복하고서, 나는 평소대로, 하던 대로 수업을 하는 게 낫겠다는 생각을 했다. 기껏 준비해서 하는 공개 수업이 평소 수업보다 훨씬 못하니 말이다. 9년차 무렵의 동료장학이 시작이었다. 공개수업을 위해 따로 시간표나 과목을 바꾸지 않았다. 정해진 날짜의 과목과 차시 그대로 했다. 공개수업 당일 서랍 정리와 책가방 지퍼 닫기도 시키지 않았고, 눈에 띄는 휴지만 주웠다.

부담감을 이기고 있는 모습 그대로를 보여준 그 날 수업은 내가 했던 어떤 공개수업보다 만족스러웠다. 아이들이 평소보다 잘한 것도 아니었고, 참관한 선생님들로부터 칭찬을 받은 것도 아니다. 그때는 만족감의 근원을 알지 못했는데, 지금은 뚜렷이 알 것 같다.

수업에 대한 틀을 깨고 나온 나 자신을 향한 만족이었다. 이 틀을 깨는 데 10년이 걸렸다. 교사가 된지 10년 가까이 돼서야 자연스러운 수업을 할 수 있었다. 인정받아야 한다는 틀, 잘해야 한다는 틀을 깨고 나서야 비로소 나다운 수업을 할 수 있었다. 내가 가진 틀을 깨니, 아이들을 가두는 틀이 보였다. 자율을 가로막는 틀을 깨고, 울타리를 세우는 안내자로 설 수 있었던 것도 그 때부터다.

내가 생각하는 수업은 '흑백의 교육과정에 컬러를 입히는 일'이다. 교육과정에 교사와 아이들의 개성이 입혀져 생명력을 불어넣는 하나의 예술이다.

수업에는 교사와 아이들이라는 '사람'이 들어가며, 그 존재의 고유성과 정체성이 나타난다. 그렇기에 수업은 본질적으로 평가의 대상이 될 수 없다. 잘한 수업과 못한 수업을 구분할 수 없다. 고유성과 정체성을 평가할 기준이란 없기 때문이다. 수업에 대한 평가의 부담으로부터 자유로워도 되는 이유다. 누구에게 잘 보이지 않아도 괜찮고, 잘하지 않아도 괜찮다. 가장 선생님다운 수업이 가장 전문적인 수업이다.

세상에서 가장 아름다운 원

2학기가 되고부터 회의로 해결할만한 학급의 문제가 생기지 않았다. 그래서 학급회의 시간이면 아이들과 원으로 앉아 놀이를 하고, 자연스럽게 일상의 이야기를 나누었다. 일상 속 수다도 즐거웠지만, 나는 좀 더 의미 있는 나눔으로 회의를 발전시키고 싶었다.

그 무렵 꽤 많은 아이들이 나에게 상담요청을 했다. 이런저런 고민을 털어놓았는데 공통적으로 상처에 대한 이야기가 있었다. 시일이 꽤 많이 지났는데도 아픈 게 아물지 않았는지 내내 우는 아이도 여럿이었다. 나만이 아니라 친구들이 위로를 건네준다면 좋겠다고 생각했다. 사실 교사는 문제의 밖에 있는 관찰자 입장이다. 같은 경험을 직접 겪고 있는 친구들이야말로, 진짜 공감과 위로를 줄 수 있지 않을까. 나는 아이들에게 상처 치료 상점을 제안했다.

"오늘 회의는 상처에 대한 이야기를 나누고 싶어. 선생님 혼자만이 아니라 우리 모두가 위로해주면 어떨까 생각해봤어. 선생님이 본 너희들은 친구의 아픔에 공감해주고 위로를 줄 수 있는 힘이 있거든. 나는 우리 반이 상처를 보호받을 수 있는 안전한 공간이라고 자부해. 우리 교실에서 안전함을 느낀다면, 선생님과 친구들을 향한 신뢰와 확신이 있다면 감춰둔 자신의 상처를 꺼내도 괜찮다는 생각에 하는 제안이야. 하라고 시키는 건 아니고 해보면 어떻겠냐는 제안이니까 불편하다면 안 해도 괜찮아."

제안은 했지만 아이들이 어떤 반응을 보일지는 예상할 수 없었다. 만약 불편하거나 불안해한다면 다시 일상의 이야기로 화제를 돌려야겠다고 마음먹었다.

얼마간의 정적이 흐르자 한 아이가 입을 뗐다. 그걸 시작으로 돼지라고 키 작다고, 코가 납작하다고, 사자머리라고, 많은 아이들이 마음속에 숨겨둔 상처를 꺼내놓았다.

> "내가 좀 뚱뚱하잖아. 엄마는 살찐다고 그만 먹으라고 하는데, 할머니는 키 큰다고 많이 먹으래. 어쩌라는 건지 모르겠어. 학교에서도 친구들한테 살쪘다는 소리 진짜 많이 들었어. 뚱보라고, 돼지라고. 그런 말은 상처가 돼."

"내가 돼지라고 했던 거 진짜 미안해. 진심으로 사과할게."
"너를 처음에 봤을 때 너무 귀여운 이미지였어. 포동이라서 친해지고 싶다는 생각을 했어. 포동이 돼지라는 게 친밀감의 표현이었는데 네게 상처가 될 줄 몰랐어. 미안해."

"너 체격이 좋잖아. 힘이 세잖아. 그러니까 잘 먹는 게 당연하지."

"누가 너를 놀릴 때, 상처받지 말고, 반사!!했으면 좋겠어."

"나도 솔직히 뚱뚱하다고 놀림을 많이 받았어. 날씬한 애들 보면서 나는 왜 이 모양일까 비교도 많이 했어. 근데, 지금은 내가 마음에 들거든. 지금도 내가 날씬하진 않은데, 그래도 내가 마음에 들어. 남들이 나를 어떻게 생각하든 내가 나를 좋게 생각하려고 노력을 많이 했어. 지금은 누가 놀려도 신경을 안 쓰고, 비교를 안 해. 그러니까 너도, 누구보다 너 자신을 소중하게 여겼으면 좋겠어."

"나는 키가 작은 게 솔직히 되게 서러워. 엉엉엉. 내가 봐도 키가 작은 거야. 작은걸 나도 아는데, 넌 왜케 키가 작냐고 이유를 물어보면, 할 말이 없지. 진짜 짜증나고 화났지만, 아무 말 못했어. 그걸 굳이 왜 물어보는지 모르겠어."

"괜히 기죽이려고 놀리는 거 같아, 기죽지 마. 그게 이기는 거야."

"너는 키가 작아도 지금 그 자체로 충분히 멋져!!"

"객관적으로 크다, 작다를 따지려면 기준이 있어야 하잖아. 근데 기준도 없이 그냥 작다고 하는 거야. 인터넷에 평균키 쳐봤을 때 넌 딱 평균이야. 작은 거 아니야. 작다고 말한 걔가 문제인거야."

"키 작아서 솔직히 나쁜 거 하나도 없어. 괜찮아."

"키는 나중에 큰다고 하잖아. 걱정하지 마~"

주제: 상처 치료 상점

　오늘 써클에서 서로를 위로하는 상점(?)을 열었다. 나는 써클 중에 이게 제일 좋다. 자신의 상처를 말하면서 위로의 박수와 응원 한 마디씩을 해주었다. 내가 제일 좋아하는 시간이었어서 나도 상처를 치유 받고자 이야기 했다. 친구들이 얄롭게 보는것, 돼지라고 놀리는 거를 이야기 했는데 친구들이 경청해주어서 너무 좋았다. 그리고 내 이야기를 듣고 손을 들고 응원 한마디씩 해줌 친구들한테 고마웠다. 그리고 다른 친구들의 이야기도 들어보았다. 상처가 없는 사람은 없다. 상처를 숨기려고 하는 사람은 있지만, 그게 바로 나다. 항상 미소를 보이며 웃고 다니는 이유가 그것이다. 상처를 숨기려고 하지만 그건 잘못된 행동이었다. 보호 받을 수 있는 공간이라면 털어 놓는 것도 괜찮다. 나처럼 스마일 마스크를 끼고 있는 사람은 상처를 숨기고 살지 않았으면 좋겠다.

누구나 이해와 공감, 위로를 원한다. 그런데 그걸 줄 수 있는 사람은 드물다. 어른 중에도 위로를 하지 못하는 사람이 얼마나 많은가. 그런데 이제 초등학생인 아이들이 서로의 상처를 보듬어 주었다.

아이들이 풀어놓은 상처는 누군가의 이야기가 아니다. 우리의 삶이 그렇다. 아픈 날이 있고, 슬픈 날이 있고, 억울한 날도 있다. 앞으로 아이들이 자신의 삶 가운데 어렵고 힘든 일을 마주할 때면, 오늘 나눈 위로의 온기를 떠올리기를 바란다. 그 힘으로 오뚝이처럼 일어서면 좋겠다.

긴 시간 나는 아이들을 미성숙한 존재로 여겼다. 스스로 해결할 수도 문제를 풀어갈 수도 없다 여겼다. 그런데 결코 그렇지 않았다. 아이들과 대화하며 내가 아이들에게 배운 것이 많다. 학생들은 교사인 나에게도 위로와 힘을 주었다. 나다운 수업, 나다운 학급운영을 하기까지 불안할 때마다 용기를 준 건 아이들이다. 책을 쓸 수 있는 오늘이 있는 것도 학생들이 내게 준 신뢰와 응원 덕분이다.

왜 자율교실인가? 나는 왜 아이들의 자율성을 키우고자 했나? 교사가 학생들과 함께 보낼 수 있는 시간은 제한적이다. 교사와는 1년이지만, 자신과는 평생을 살아야 한다. 무엇보다 자신이 되는 법과 자기로 사는 법을 가르쳐야 한다.

학교에서 배운 지식과 기능은 시간이 지나면 기억에서 멀어진다. 그러나 서로를 소중히 여기는 태도, 있는 모습 그대로 자신을 받아들인 경험은 아이의 긴 인생에 오래도록 보탬이 될 것이라 믿는다.

이것이 자율의 힘이다. 마음을 꺼내놓을 수 있는 교실, 실수해도 비난받지 않을 것이라는 예측이 되는 교실, 실패를 만회할 기회를 무한히 주는 교실 속에서 아이들의 자율성은 깨어나 자라날 것이다.

『초등 자율의 힘』

Summary

자율의 의미

자율의 의미	자율교실의 2가지 축	자율의 울타리
통제 안에서의 자유 울타리 안에서의 자유	1. 대화 2. 통제	1. 대화를 통해 정한다. 2. 명확해야 한다. 3. 대안을 제시한다.

자율을 가로막는 틀 깨기

	틀	울타리
의미	불필요한 통제 자율을 가로막음	꼭 필요한 통제 자율성을 발휘하도록 안전함을 줌
자율의 틀과 울타리	마음대로 하면 안 된다.	위험하거나 남에게 피해를 주지 않는다면 마음대로 해도 괜찮다.
	잘해야 한다. 잘하는 게 좋은 거다.	잘하는 건 나중에, 하기만 하면 된다. 꾸준히 하다보면 잘하게 된다.

자율교실의 3원칙

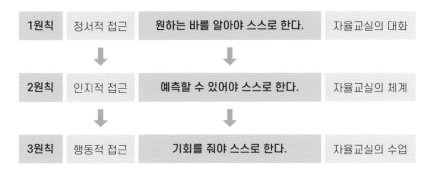

1원칙	정서적 접근	원하는 바를 알아야 스스로 한다.	자율교실의 대화
2원칙	인지적 접근	예측할 수 있어야 스스로 한다.	자율교실의 체계
3원칙	행동적 접근	기회를 줘야 스스로 한다.	자율교실의 수업

대화, 루틴, 기회의 울타리 세우기

	틀	울타리
대화	아이들은 교정의 대상이다. 답은 교사가 갖고 있다. 지시, 통제, 의무, 확인이 대화다.	아이들은 대화의 대상이다. 답은 아이들 안에 있다. 대화는 말하기와 듣기의 균형이다.
루틴	루틴은 매일 해야 할 의무다.	루틴은 좋은 습관을 만들기 위한 매일의 일과다.
기회	- 교실은 성취를 경험하는 곳이다. - 교사는 학생이 잘할 수 있도록 이끌어야 한다.	- 교실은 작은 성공과 안전한 실패를 경험하는 곳이다. - 교사는 학생에게 경험을 만들어 준다.

1원칙 마음알기	2원칙 루틴 세우기	3원칙 기회디자인
자율교실의 대화	자율교실의 체계	자율교실의 수업
대화의 의미	루틴의 의미	기회디자인의 의미
- 대화는 소통이다. - 아이가 가지고 있는 답을 찾도록 안내해 주는 것	- 루틴은 의무가 아니다. - 습관을 만드는 열쇠다.	소외되는 아이가 없도록 만드는 교사의 계획적이고 강력한 통제
자율교실의 대화	자율교실의 루틴	자율교실의 기회디자인
1. 듣기 2. 듣고 생각하고 말하기 (욕구는 인정, 태도는 교정)	1. 아이들에게 도움이 되고 2. 아이들이 좋아하고 3. 쉬운 루틴	1. 횟수 : 동일한 기회 2. 과정 : 편안한 기회 3. 결과 : 안전한 기회 4. 효율 : 생산성 높은 기회
의사소통의 기술	루틴 세우는 법	수업구조 디자인
1. 명확하게 말한다. 2. 긍정적으로 말한다.	1. 루틴의 who & why 2. 상황과 순서 정하기	1. 강의구조 2. 모둠구조 3. 물레방아 마주짝 구조 4. 원구조 5. 이 사람을 찾아라 구조

활동지 샘플과 더 자세한 내용은 오뚝이샘(윤지영 선생님)의 블로그와
유튜브를 참고해 주세요.

- 유튜브
  오뚝이샘의 초등부모수업

- 블로그
  blog.naver.com/jiiyoung82

아이들이 스스로 움직이는 교실의 비밀

초등 자율의 힘

1쇄 발행 2021년 2월 17일
3쇄 발행 2022년 3월 14일

지은이 윤지영
기획·편집 장인영
표지디자인 어나더페이퍼
내지디자인 윤원정

펴낸곳 ㈜아이스크림미디어
주소 경기도 성남시 분당구 판교역로 225-20 시공빌딩
전화 1544-3070   **팩스** 02-6280-5222
홈페이지 http://teacher.i-scream.co.kr

ISBN 979-11-5929-072-5 / **CIP** 03370